経営
生きもの論

稀代のコンサルタント
岡田潔の経営哲学

一般社団法人
日本能率協会 会長
中村正己
監修

日本能率協会マネジメントセンター

はじめに

一般社団法人日本能率協会（以下、日本能率協会：ＪＭＡ）における稀代のコンサルタント、今でも伝説のコンサルタントとよばれている岡田潔氏（一九八五年病没）は、生前自ら書籍を執筆したことがない。書籍出版の話を持ちかけると、いつも「そのうち」という返事が返る。

執筆することの価値を認めていなかったのではなく、岡田氏の思考は、いつも仕事を通じて生まれ、絶えず進化・変化するので、どの段階で整理し、取りまとめるかのタイミングが見いだせなかったと推測される。

お亡くなりになった後、仲間や後輩が分担して執筆し、岡田潔著として出版した出版物に『独創的経営づくり』（日本能率協会発行 一九八六年四月）がある。

そのなかでは、次のように書かれている。

経営とは人間が作った〝生きもの〟である。生きものであるが故に命があり、個性がある。経営が生き続けるには、外部環境に順応し、内部環境に適応するしか生きられない。しかし経営は、その命も身体も差し替えて生き続けることが可能な不思議な生きものなのである。しからば経営の命とは何か、そして経営が生き続けるためには、何をどう考え、どうすべきなのか。

「生きもの」にはどこまでも生き抜こうとする執念がある（中略）生きようとする力は「生きもの」である限り、その生命体の中から自然に湧き出してくるものである。（中略）生きるために必要な力は経営体のどこかに潜んでいるはずである。これを見つけ出すこと、そしてこの力を引き出していくことこそコンサルタントの仕事なのである。（中略）経営戦略問題を扱う経営コンサルタントの仕事は、経営体の中に潜んでいる生命力の働きを信頼して、その力が十分に機能するよう必要な刺激を与え、全体のバランスを整えるといった仕事である。

（中略）生きものというものは、完全を望むべきものではなく、生きている力を培養すべきである。生きものには不思議な創造力・生命力がある。その創造力・生命力をかきたてるのが経営であると私は思う。

経営は生きものであり、それ自体伸びて行こうとする生命力を持っている。生きものには、どういう姿が正しいとかいう※ゾルレンはない。

矛盾撞着し、個性的である姿そのものが生きものの姿である。創造性は生きものの一つの特性である。したがって、経営をよくするということは、経営が過去・現在に培った個性と生命力をいかに増大させるかということに他ならない。

※当然すべきこと、そのようにあるべきこと

岡田氏が三十五年間にわたる経営調査活動における経験や体験などを土台に、未来に向けて整理した『経営生きもの論』は、経済成長真っ盛りの時期のものではあるが、その論考は今も、これからも通用するに違いない。

経営が人間社会において行われているからこそ、様々な要素や因縁、因果、矛盾が生じる。理だけでは割り切れないと考えたのだろうと私は思う。

岡田氏は、「経営が生き続けるためには社員一人ひとりが自律的に思考・行動したうえで、組織として融合させることが不可欠」と論じている。また、危機から脱するには「企業の各構成員が自律的に問題解決や事業改革に取り組み、それが全体として望ましい調和の下に相乗効果を発揮し、企業が目指す方向性への改革に向けて統合され、収斂している状態を創り出すこと」が必要だと強調している。今、コロナ禍という未曽有の事態に多くの企業が「危機」に遭遇しているが、その「危機」にどのように対処し、「危機」を「好機」に転換できるかについても本書から多くの示唆を得ることができるだろう。

そうした思いのもとに今回、日本能率協会が創設八十周年を迎えたことを機に、岡田氏の経営哲学といえる『経営生きもの論』を取りまとめ出版するに至った。

最後にお忙しいなか、岡田氏の寄稿文や講演録などを収集いただきました日本能率協会のＯＢ 関田喬氏、本書の編集・制作をご担当いただきました株式会社ＪＭＡホールディングス代表取締役社長　加藤文昭氏、および同社岩下　廉氏、株式会社日本能率協会コンサルティング会長　鈴木　亨氏、岡田氏の門下生である、株式会社日本能率協会総合研究所ＯＢ　浅田昭司氏に対して厚く御礼申しあげます。

一般社団法人　日本能率協会
会長　中村　正己

第二章　岡田 潔氏のコンサルタントとしての道のり

第二部　経営生きもの論

第一章　経営は「生きもの」

第二章　革新こそ生き延びる道

第三章　マーケティングを経営の基軸に

第六章　経営調査

第一部

日本能率協会とコンサルティングの歩み

第一章

日本能率協会の創設

―今から八十年前―

一　能率運動の始まり

1　科学的管理手法の先達者たち

能率の始祖であるF・W・テイラーが『科学的管理法の原理』を出版したのは、今から約百十年前の一九一一（明治四十四）年になるが、極めて早い時期に、我が国において訳出書が出版されている。

そのなかでも一九一三（大正二）年に池田藤四郎氏（一九一七年に能率団体エフィシェ

ンシー協会を設立）が書いた『無益の手法を省く秘訣』（テイラーの原書を小説風に書き直した新聞連載記事を一冊に取りまとめたもの）は、発行部数一五〇万部と当時のベストセラーとなった。

その後一九二一（大正十）年、労使協調のため渋沢栄一氏らが半官半民で設立した財団法人協調会（労使の協調・融和を図る調査研究機関）が「労使協調の基盤は、工場の能率にある」との信念のもとに協調会内に産業能率研究所を設立。我が国における「能率運動」の父と言われる上野陽一氏（後の産業能率短期大学の創始者）が初代所長になった。全日本能率連盟（日本のコンサルタント・企業等の団体）では、産業能率研究所の発足の年を「能率元年」と称している。「能率」とは、人の「能力」、設備の「性能」、材料の「機能」をそれぞれ生かし切るマネジメント、すなわち科学的管理法（Scientific Management）の本質を捉えた言葉で、大正から昭和にかけて、能率運動とその研究が各地に普及した。

上野氏は、東京帝大（現東京大学）で心理学を学び、心理学に関する専門雑誌の編集や師範学校の心理学教科書の執筆などを行い、心理学者として将来を嘱望されていたが、心理学講座で知り合った民間企業数社において工場の作業改善を依頼されるようになる。そして多くの企業において二十％程度の能率増進を達成し、生産期間の短縮化、仕掛品や工場スペースの削減などを実現した。そしてこれを機に「能率運動」に傾注し、コンサルタントとして多くの民間企業の改善を行う。なかでも大阪造幣局では臨時能率調査課長として、画期的な成果を上げた。

一方、海軍に勤務する傍ら科学的管理法を研究・実践した人に伍堂卓雄氏（日本能率協会初代会長）がいる。約十年にわたって欧米工業先進国に海外駐在、海軍技術武官として赴任、科学的管理法の研究にあたった同氏は、

伍堂 卓雄氏（ごどう たくお）
1877年～1956年

呉海軍工廠に品質管理および科学的管理法を導入した。また、第一次世界大戦後のドイツが科学的管理法を導入しても復興できなかった理由として、「マネジメントは単なるシステムではない。重要なのは人間であり、経営者、管理者、従業員の考え方と行動である」と強調している。この考え方は、本書で後述する岡田氏の経営哲学の原点になっている。

「生産能率こそが、国家的存亡を左右する」との認識を持ち、

科学的管理法によるプロ経営コンサルタントと高く評価された荒木東一郎氏は、米国留学中に現地での集中講座の受講や現地工場への視察などを通じて「能率理論」を学び、科学的管理法を習得した。同氏は鉄道院に勤務していたが、能率技師を志して大阪製鐵に転職。その在職中に米国に渡り科学的管理法を学んだ。その後、大阪製鐵の経営再建に多大

な成果をもたらすとともに、一九二六（昭和元）年に大阪府立産業能率研究所の技師となり能率運動に尽力した。

東京帝大卒の山下興家氏は、南満州鉄道の勤務を経て、鉄道院にスカウトされ日本国有鉄道（現ＪＲ）に入職。鉄道や鉄道施設など、当時の急速的な技術革新を積極的に導入し、日本国有鉄道に目覚ましい成果をもたらせた。なかでも、当時三〇日以上かかっていた機関車の修理作業をわずか五日間で完了するという革新的成果は、世界をも驚かせた。一九三一（昭和六）年、政府が前年に設立した臨時産業合理局の外郭団体として「日本工業協会」を設立。その責任者として同氏が副会長に任命された。山下氏は出版や講演会など啓発活動にとどまらず、新たにコンサルティング活動をスタート。この活動が、その後創設される日本能率協会のコンサルティング活動の思想の根源になっている。このように、上野氏、伍堂氏、荒木氏、山下氏などの先駆者を中心に、我が国において「能率運動」が生まれ、育てられたのである。ちなみに、いずれも科学的管理手法の先達者としては共通しているが、活躍の領域の違いから、当時「軍の伍堂」、「民の上野」、「官の山下」と称されていた。

2 能率運動の発展

一九二二（大正十一）年に東京能率協会、大阪能率協会、愛知県能率協会が設立され、一九二四（大正十三）年には大阪府と大阪商工会議所の共催で「第一回能率展覧会」が開催され、期間中延べ十万人が来場した。同時期、産業能率研究所が主催した講演会「呉海軍工廠における科学的管理法の実施」（講師・呉海軍工廠 副部長 伍堂卓雄少将 日本能率協会初代会長）の講演には約千名の聴衆があった。

政府も官庁業務の能率改善に着手し、「能率増進と事務簡素化に関する十一項目」を審議決定した。一九二五（大正十四）年に関西において大阪府立産業能率研究所が創設され、南満州鉄道においては、社長室能率係を設置し、業務改善活動に着手する。

この時期、電機業界や紡績業界を中心に、多くの企業が独自で科学的管理法を導入し、生産管理体制の改善に取り組んだ。また、能率運動は教育界にも反映されるようになり、

1943年に開催された第一回能率大会

多くの大学や高校において科学的管理法に関する講座が誕生した。加えて、能率を織り込んだ学部として東京帝国大学、慶應義塾大学、明治大学に「経営学」という新しい科目が誕生した。このようにかなり短い期間で「能率運動」は産業界のみならず、官公庁、教育界において浸透していったのである。

　一九二七（昭和二）年、我が国は経済大恐慌に遭遇するが、そのなかにおいても「能率運動」はとどまることなく展開された。地方においても「能率運動」に対する関心が高まり、能率に関する新しい組織団体が大都市に誕生し、同年八月、全国の大都市に設立された能率八団体を統合し、日本能率連合会が発足。常任理事には、前述した「能率運動」のパイオニアである上野陽一氏、荒木東一郎氏ら六名が就任した。

一九三〇（昭和五）年に、政府の商工省に産業合理化推進を目的とした三つの委員会からなる臨時産業合理局が新設され、委員会の一つである生産管理委員会は、「工場、作業場における生産管理の改善に関する具体的方策の立案」を使命として活動をスタートさせた。そして、一九三一（昭和六）年には、商工省の臨時産業合理局の生産管理委員会が各県にあった工業懇話会を統合し、半官半民の日本工業協会を組織化する。主な事業は、生産現場指導者の教育活動及び「能率運動」の啓発活動であった。

こうしてほぼ同時期に発足した「日本能率連合会」と「日本工業協会」は一九四二（昭和十七）年に統合され、新たな団体として日本能率協会が誕生する。

二　日本能率協会の創設

1　戦時下の能率運動

一九四一（昭和十六）年十二月、日本はハワイ真珠湾を奇襲攻撃、米英に対して宣戦を布告し、戦線は瞬く間に東南アジアにまで拡大した。一九四二（昭和十七）年、国家非常事態に際して当時の商工大臣・岸信介氏（第五十六代・五十七代内閣総理大臣）と次官・椎名悦三郎氏のもとで、人・モノ・金を有効に使うために「日本能率連合会」と「日本工業協会」を発展的解消して一元化する計画が進められた。そこで白羽の矢を立てられたのが、企画院を退いたばかりの森川覺三氏（日本能率協会 第四代会長）である。同氏は、京都帝国大学（現京都大学）を卒業して三菱商事に入社。若くして満州大連支店の責任者として、南満州鉄道の経営改革を支援し、その後企画院の技師に抜擢される。一九四二（昭和十七）年企画院部長として内閣技術院（後の工業技術院）を創設し、それを機に三菱商事に復職した。また、三菱商事ベルリン支店勤務時代の経験を活かして刊行した『ナチス独逸解剖』がベストセラーとなり、高級官僚の間でドイツ通として評判になった。岸信介氏は、このような森川覺三氏の経歴等を知り大きな期待を抱いていたのである。

こうして一九四二（昭和十七）年三月三十日、当時の能率二団体である「日本能率連合会」と「日本工業協会」を統合し、社団法人日本能率協会が誕生した。岸信介氏の回顧録には「昭和十六年十二月には日米開戦となり、当時軍需生産の責任者である商工大佐の私は、日本を代表する能率団体であった日本能率連合会と日本工業協会を統合し、一本化し、強化するため日本能率協会を創設することに意を決した」と記されている。

当時、「日本能率連合会」は前述した上野陽一氏と荒木東一郎氏が初代常務理事となって運営にあたり、「日本工業協会」は山下興家氏が副会長を担っていた。我が国における「能率運動」の先駆者が創設した二つの団体を、新たに誕生した日本能率協会が引き継ぐことになり、初代会長には伍堂卓夫氏、理事長には森川覺三氏が就任した。

【日本能率協会の基盤組織】
名誉会長：商工大臣 岸　信介
会　長：貴族院議員 海軍造兵中将 工博 伍堂 卓雄
理事長：三菱商事出身
前企画院第七部長 森川 覺三
副会長：貴族院議員 中山 太一、
陸軍主計中尉　石川 半三郎
顧　問：関係大臣八名
参　与：陸海軍その他関係省庁の局長クラス十六名
常務理事：陸海軍その他関係省庁の課長クラスおよび企業の幹部十四名
(当時鉄道省工作局長を退任し、日立製作所顧問であった山下興家、三菱重工総務部次長であった野田信夫を含む)
理　事：産業界の有力者十八名

初代会長に任命された伍堂卓雄氏は、所信表明で日本能率協会の基本理念を左記のとおり述べている。

一「日本的性格を具有する能率増進方策の創案完成に努むること」
二「議論より実行を主とすること」
三「総花主義を捨てて真の重点主義、併列主義を排して順位を重んずる従列主義にて進むこと」

この基本理念は、今でも日本能率協会のＤＮＡとして受け継がれている。一方、初代理事長森川氏は「米国式科学的管理法にドイツ流産業合理化運動を統合した日本的能率運動」すなわち日本的経営管理法の確立と推進を使命に挙げた。

しかし、日本能率協会の創設は、終戦のわずか三年半前である。二つの団体を日本能率協会に統合した背景には、戦況が悪化している中における軍需産業の生産性向上、能率向上にあり、その機能を集中的に担う組織体が不可欠と考えたうえでの決断であった。創設時の日本能率協会の活動は「普及事業」と「工場診断」の二つであったが、「普及事業」は、軍需産業中心の戦時下における要請に絞られていた。一方、「工場診断」も政府の増産指導に基づく軍需物資や兵器産業に限定され、鉄鋼、航空機、船舶、魚雷工場などの診断・指導が大半を占めていた。発足当時一〇〇名程度いた職員はすべて、これら軍需産業へ駆り出されたと伝えられている。

2　敗戦後の日本能率協会

一九四五（昭和二十）年に終戦を迎え、同年九月にはＧＨＱ（連合国軍総司令部）から日本能率協会に対する補助金の打ち切りが命じられた。この命令により日本能率協会の活動は大きな転換を余儀なくされた。創設者の岸信介氏が戦犯として巣鴨拘置所に収監されたのに続き、会長である伍堂氏も収監され、経営・事業はもとより、当時一〇〇名を超える職員の処遇もまったく見えない状態に追い詰められた。このような危機に対して森川理事長は、「日本能率協会は、今こそ日本産業界の復興再建に全力で傾注し、戦後日本社会の再建にお役に立つべきである。もし日本能率協会にその能力と情熱があれば、産業界は必ずや我々の存在を認め、活用してくれるはず」と熱く語り、役員会においてコンサルティングの事業化を訴えた。当時コンサルタントという言葉はほとんど使われておらず、職業的技術集団として社団法人という非営利団体が任を果たすという発想は世の中にはなかった。森川氏は日本能率協会の再建案を携えて数十社の企業経営者を訪ね、コンサルタントの活用を懇願したという。

また、森川氏は日本能率協会創設三十周年において、「生産性を高め、経営効率を向上することは、いかなる時代においても産業界の基本的責務である。日本能率協会は、この面での活動をさらに強化しつづけるが、一方、新しい時代の新しい要請に応え得るよう、事業の革新を行う」と宣言している。

三　創設時のコンサルティング

1　戦時下、鉄の作業効率向上の提案からスタート

戦時中に創設した日本能率協会は、〝戦争に勝つために必要不可欠な能率の追求〟を目的にコンサルティングを展開する。理事長であった森川氏が自ら調査班長となりコンサルティングを推進した。主な調査対象会社は日本鋼管、日鉄釜石製鉄所、豊川海軍工廠、東北特殊鋼、中島飛行機、倶知安鉱山などである。

一九四二（昭和十七）年十二月、能率協会発足以来の初仕事として、日鉄釜石製鉄所のコンサルティングが決まった。当時、日本の粗鋼生産量は四百五十万トンという極めて貧弱なもので、森川氏が企画院時代から「これで戦争なんてとんでもないことだ」と主張していた。ある日、理事会において鉄の作業能率向上から始めることを提案したところ、伍堂会長が「いや鉄はやめたまえ、たとえ人間が働く部分が少し改善されても、五％と違わないのが装置産業だ。従って、能率協会がそういうところを改善してもたいして成績は上がらず、かえって不評を買い黒星になるかもしれない」と真っ向から反対された。しかし森川氏は「それはそうでしょうが、現在、鉄は一トンでも余計に欲しいのでは……」と主張したところ、陸海軍から参画していた中将級の理事が、「理事長がそれほど言うなら鉄もいいだろう」ということになり、会長の賛同が得られないまま初仕事が始まった。

ところが日鉄釜石製鉄所では、どこの馬の骨か知らない素人が来て何ができるかと白眼視され、思うように応援してくれない。さすがの森川氏もこれには閉口したが、「常識的に考えて、製鉄所における問題点はなにかというところから入っていかなければならない」と吹雪の中、構内をあちこち歩き回って考えた。そこで目についたのが運搬系統であった。熔けた銑鉄を入れた鍋をたくさん引いた列車がくると、先方からも別の列車がくる。単線だから、どちらか逆行せねば通れない。雪がどんどん鍋の中に入り、「これはいかん」と第一に考えた。次にスクラップの整理である。続々と送られてくる献納スクラップが線路わきに山積みされたままになっており、「これを整理しなければどうにもならん」と考えた。

予定の三週間が終わり、一週間宿舎に籠城して報告書を作成、日鉄本社での報告に出かけたところ、社長の豊田貞次郎大将が正面に座り、その隣には森川氏が京都帝国大学で冶金の講義を受けた斎藤教授がデンと構え、その後ろには、伍堂会長が責任上心配そうにして来ていた。報告会は三時間にわたり行われ、このとき、一番理解してくれたのは豊田社長で「鉄は難しくてわかりにくいと思っていたのに、今日の報告は素人でもよくわかった。こういう結果が出ようとは夢にも思っていなかった。非常にいい報告をしてくれた」と称賛された。そしてその提案を実施するように社長から日鉄釜石製鉄所に伝達されたのである。その後、日鉄釜石製鉄所に行ってみると技師長が「実は森川さん、私はあなたにお詫びをしなければならない。最初は素人に何ができるか、三十年苦労してきた我々が素人に教えられてたまるか、という気持ちだった。ただ社長命令でやれといってきたので、仕方なくやってみた。ところが私も初めての経験だが、鉄の生産量がどんどん増えて、なんと四割も上がった」という。森川氏自身も半信半疑で翌日製鉄所に行ってみると、今まであんなに乱雑だったスクラップ置き場がきれいに整頓されていた。また、構内の列車運転は提案のダイヤ運転が実行され、運行中にぶつかることもなく、また鍋にはきちんと蓋がしであった。熱が冷えないので、平炉に入れてからの時間が早くなり、データを見ると確かに四十%生産量が上がっていた。――まさにファクトファインド（顧客の課題発見力）からの提案である。

森川氏のコンサルティング時代のエピソードをもう一つ紹介する。一九四三（昭和十八）年には、日鉄釜石製鉄所等での日本能率協会の活躍ぶりが海軍にも伝わり、海軍の艦政本部総務局長の保科少将（当時）から電話がかかってきた。「今日は海軍の本省の将官以上を全員集めているから、日本能率協会の生産増強のやり方を説明してくれ」と言われて、森川氏が行ってみると、真中に宮様がおられ、海軍の将官一五〇人がずらりと並んでいた。森川氏はちょっと気後れしたが、日鉄釜石製鉄所の事例を説明した。「鉄の生産構造はこのようになっており、設備をフルに動かすしか増産の方法がない。戦争中でもあるから設備を止めて改善するという方法はなかなか取れない。そこで組織の面やそれを動かす方法など働いている人によく説明して、その気持ちになってもらうということが、増産を進める我々の方針である」と。この説明に対して保科少将は大喝一声して、「我々は戦争をしているのだ。我々が求めているのは、今晩飲んだら明日効くという薬だ。そんな生ぬるいやり方で間に合うか」との反応であった。

えらいことになったと思ったが、森川氏は「我々はヘボ医者で、そのような妙薬は持っておりません。しかし広い日本には、そんな名医がおられるかもしれません。どうぞお探しになってください」と言い捨てて帰ってきたという。それから二、三日後に電話があって、「いろいろ調べてみたが名医は見当たらない。ヘボ医者で気にいらぬが君に頼む。実は豊川の海軍工廠で二十五ミリ二連式の高射機関砲を専門につくっているのだが思うようにできない。ぜひ、君にみてもらいたい」ということであった。

診断を始めるとまったくひどいもので、女性まで動員し、連日の徹夜、深夜作業そして日曜出勤とスタッフは相当な疲労で倒れる寸前であった。「これはいかん」ということで、第一に出した提案が定時作業、日曜日は必ず休ませる案であった。定時作業にして、仕事の整理をして、流れを直したり、治工具づくりや改善をしたり材料の余肉取り代を減らしていくと、生産はぐんぐん上昇した。徐々にIE的改善が展開され、一年二ヵ月程の間、これが類似共通の作業にも応用。また、海軍の工場であるがゆえに、命令一下に徹底して実行されたため急速に能率が上がっていった。なんと初期段階の三十七倍という増産を達成した。日本能率協会のこれまでの歴史でも最高の生産性向上事例となった。

森川 覺三氏（もりかわ かくぞう）
1896年～1974年

――まさにコンサルタントとしてクライアントには迎合しない、また、企業は人なりの思想（人の行動を変えることが成果を生み出す）を体現した成功事例である。

2　敗戦後のコンサルティング

一九四五（昭和二十）年八月に終戦を迎え、九月にはＧＨＱから能率団体に対する日本政府の補助金打ち切りが命じられた。この命令により、戦時下の日本能率協会が三年半を通じて担ってきた商工省や軍需省の外郭団体としての任務や性格が、一八〇度転換した。

補助金をもらっていた当時は、コンサルタントの弁当代まで日本能率協会が支給し、会社からは一銭ももらわずまったく慈善事業のようなことをやっていたが、補助金を打ち切られてしまえばそうはいかない。長い間無料で工場診断をするという習慣がついているから、「金をもらって仕事をするのは嫌だ」と言いだすコンサルタントもいたが、森川氏は毅然とした態度で臨んだ。「そうじゃないんだ。時代が変わったんだから、考えも変えなくてはいけない」と説き、理解させるのに三ヵ月程度かかったという。そして、度々幹部を集めては有料診断の必要性を説得した。「もし我々の技術が会社の経営に役立つものであるならば、会社はそれに対して必ず反対給付をするはずだ。もし反対給付をしないというなら、我々の技術が会社に役立たない未熟のものだということだ」と説得し続けたのである。

しかしそうはいっても、人は急に変われるものではない。そこで、理事会を開いて「補助金打ち切りを条件にこれからどう日本能率協会を運営すればいいのか」ということを議論したが、名案が出てこなかった。そこで森川氏は、寄付金をもらいに秘書一人を連れて全国行脚に出向くことになる。最初に大阪に行き、住友金属工業の当時の社長である春日弘氏に援助を依頼する。そのときのやり取りである。

森川氏が「こう、こういう訳でご援助をお願いにきました」と言うと、

春日氏は「ああ、わかりました。そこで貴方どれだけ期待してこられましたか」

「二〇万円ほど援助いただきたいと思います」

「ああそう」といってすぐにベルをならして秘書をよび「二〇万円の小切手を切るように」と命じた。今とは貨幣価値が異なるが、当時でいうと大変大きな額である。春日氏はその後、森川氏に「二〇万円といっても、使ってみるとすぐなくなるからね。貴方の意気は壮とするけれども、足りなかったら、またいらっしゃい。一回だけじゃありませんよ。何回

でもいらっしゃいよ」と言われて、思わず森川氏は涙が出て、拝みたい気持ちになったと当時を述懐しており、戦後のコンサルティングはこうして始まった。

当時はコンサルタントという言葉もほとんど使われておらず、職業的技術集団組織としての公益事業がその任を果たすという発想はなかった。森川氏は前述したようにコンサルティングの事業化による日本能率協会再建策を携えて関西に下り、数十社の企業経営者を訪ねてコンサルティングの有料化とコンサルタントの活用を懇願した。終戦直後、主要工業地帯は空爆による荒廃のなかにもいち早く能率運動は始動し、やがて一つの業界としての地位を確立し始めた。このような状況下において森川氏は日本能率協会の再建をかけて、軍需産業から民間産業のコンサルタント専門集団としての日本能率協会に向けて大きく方向転換を図る。手始めに日本標準規格事業を分離し、財団法人日本規格協会を誕生させ、職員の半数以上転籍させた。続いて熱管理事業も分離した。

日本能率協会創設時は、軍需工場の工場診断活動が主業務だった。増産や工程管理の指導には軍需工場側の生産管理・生産技術者の多くが協力してくれたが、彼らの多くは民生品の工場へと転職していった。一方日本能率協会の工場診断担当者の大半はコンサルタントとしてとどまり、加えて、戦中の長期実習講習会の卒業生等が入職するなど、コンサルタントの増員が図られた。そして一九四六（昭和二十一）年一月、戦後の復興に向けて始まったのが車両、通信、石炭の工場・鉱山を主体とした工場調査である。テーマは戦時工場診断と類似の増産や工程管理が中心で、車両では交通機関の復興を急ぐ当時の運輸省の肝いりで、大阪の近畿車輛の徳庵工場において電気車両製作の合理化にメスをいれた。本調査においては小野常雄氏、中島勝氏、川島正治氏といった東京の作業部員を総動員した。会社側の研究員も単に近畿車輛のみならず日本車輛、新潟鐵工所、帝國車輛工業等有力車両メーカーの技術者も参加した。調査は当時設計された〝モハ六三形電車〟について、タクト作業編成、工程管理方式、組み立て治具設計、作業研究等が行われ、会社幹部や参加技術者にその意義をおおいに認識させ、調査活動を円滑にさせた効果は大きかった。この車両工場における調査は大きな反響を生み、日立製作所や帝國車輛工業、新潟鐵工所の車両部でも調査がスタートした。通信では一九四六（昭和二十一）年の逓信省関係の委託調査が挙げられる。東京郵便局、東京中央電信局、貯金局などの事務合理化が開始された。これらの調査は日本能率協会が従来生産領域の合理化を中心に展開していたものを、サービス事業にまで展開し、いわゆる事務改善領域の調査の先駆的事例となったものである。またこの年、岩崎通信機や富士電炉工業や川崎の日本通信工業の調査がスタートし、日本通信工業の調査は親会社である日本電気の仕事に繋がっていった。

一九四七（昭和二十二）年からは工程研究、作業研究を中心に作業改善、分業の改善、工程管理の改善等が主力となっていく。終戦後これらの方法は各種企業に接するなかでしだいに発展してきたが、この年、これらの方法を炭鉱界に紹介したということが大きな契機となった。

同年は、科学的管理法の教育の必要性がしだいに認識され始めた年でもある。前述の炭鉱界において石炭庁の音頭取りによって、炭鉱科学的管理の講習会を数回にわたって開催した。企業では大阪の住友電気工業が社員の科学的管理教育を依頼してきた。当面の問題を解決するためにはまず、教育が必要であるということが考えられ始めた。

これと同時期に当時の作業部長、小野常雄氏が中心となり、戦後の第1回生産技術講習会を五月に、第2回を九月に高速機関工業で開催した。まさにPコース（工場の現場でコンサルタントが現場の方々を指導しながら改善を実践する）の始まりである。

小野 常雄氏（おの つねお）
1907年～1996年

戦時中、日本能率協会は軍需工場の生産性向上の役割を担ってきた。その中で、コンサルティング事業の生みの親であり育ての親である小野常雄氏は、古河鉱業足尾銅山精錬作業所や新潟の島本鉄工所を指導。当時の生産性向上のモデルとして多くの生産技術者の養成に活用された。これがPコースへと繋がっていく。

敗戦後、日本能率協会はGHQから政府補助金の打ち切りを宣告されたが、小野氏はこの危機の先頭に立って、これまでの生産能率から経営管理全般のプロフェッショナルコンサルタント集団へ大きく舵を切り、コンサルティング人材を増員し、コンサルティングの事業化を推進した。小野氏の献身的な活動により、コンサルティング事業は株式会社日本能率協会コンサルティングとして一九八〇（昭和五十五）年に分社・独立するまで約三十年間、日本能率協会の大黒柱的基幹事業になっていく。

小野氏の持論は、「優れたコンサルタントを育て、有機的に組織化することで集団としての信頼感が醸成され、集団力こそがクライアント企業に役立つコンサルティングを可能にする」という「集団天才」の考え方であり、日本能率協会のDNAである「MG一体化」を提唱・推進した。「MG一体化」とは、M（コンサルティング活動）とG（技術活動）が相互に補完し合うことでよい成果を生み、よい成果が新しい技術を生み出すことで、両者の一体不可分の関係性を示す。小野氏は一九四五（昭和二十）年にPSD（「生産技術」「工場改善技術」「コンサルティング技術」の研究・開発・普及・伝承を強力に遂行し、効果的に運営するための相互情報交流の媒体）を制作し発刊している。テーマは生産技術標準であった。この「MG一体化」を加速するために技術会議がスタートした。当時は年に二回、三、四日の合宿形式で行われ、参加メンバーは職位、年齢、キャリアなどを問わず自由平等、お互い「さん」づけでよび合うことを奨励するなど、参加者全員イコールパートナーを原則とした。三、四日の合宿会議にもかかわらず、欠席者はほとんどおらず、むしろ出席できないと技術的に取り残されるような不安があったという。ゆっくりと泊まり込みで同志と語り合い、熱気のなかに身を置くことで育まれる仕事への情熱や絆はかけがえのないものであった。

「クリエイティビティがない会議は会議ではない」と小野氏自身が語ったように、常に斬新さを追求した議論のなかに、創造性を感受し、意識する小野イズムは参加者に大きな刺激を与えた。また、夜間には技術問題以外に、日本能率協会の経営・人事・給与など、誰もが関心の高いマネジメント課題を審議する班長会議が開かれ、腹を割った話し合いとコミュニケーションができる全員経営参加の場ともなった。

新郷 重夫氏（しんごう しげお）
1909年～1990年

時間は前後するが、戦後初めての調査は一九四五（昭和二十）年十一月に始まった日立製作所笠戸工場の診断である。この調査には、この年に入職した新郷重夫氏が参加している。新郷氏は鋳造技術者として台北の鉄道工場に就職した後、日本能率協会に入り、工場改善を主体としたコンサルタントとして活躍した。

新郷氏の名を高めたのは、改善方法「シングル段取」の開発である。同氏は一九五〇（昭和二十五）年の東洋工業（現マツダ）と、一九五七（昭和三十二）年の三菱重工業広島造船所で行った改善調査からヒントを得て、一九六九（昭和四十四）年にトヨタ自動車工業（現トヨタ自動車）で始まったプレスの段取り時間短縮の取り組みの中で、画期的手法として「シングル段取」を世に送り出した。生産工程においては、対象商品を切り替えるために一時的に工程を停止する必要があるが、当時の段取り替え時間は一、二時間あるいは半日程度かかっていた。「シングル段取」はそれを一気に九分以下に短縮するなど、多品種化が進む生産現場のロス改善に貢献することとなった。

「シングル段取」は、M（コンサルティング活動）とG（技術活動）が相互に補完し合うことでよい成果を生み、よい成果が新しい技術を生んだという点でMG一体化の賜物でもあった。

また、新郷氏は一九五五（昭和三十）年から「生産技術講習会」を連続して実施、累計で数千人を指導するなど、かの「トヨタ生産方式」を支える人材育成に貢献した。日本能率協会退職後は独立し、松下電器産業（現パナソニック）の工場改善の指導などに力を注いだ。新郷氏の功績は、日本式の生産管理を米国をはじめ広く海外に伝えたことにもある。著書の多くは翻訳され、世界中で読み継がれている。ちなみに米国のユタ州立大学では同氏の功績をたたえて「新郷賞」を設立。今では「製造業のノーベル賞」と称されるほどハイレベルな賞として位置づけられている。

戦後、軍需から民需へと舵を切った日本能率協会のコンサルティング事業だが、一九五〇（昭和二十五）年は朝鮮動乱による特需景気となり、コンサルティング指導件数は二割ほど増加した。また、コンサルタントも増員し五十六名となる。地方事務所も福岡に加えて、名古屋、札幌が新たに加わった。

新居崎 邦宜氏（にいざき くによし）
1916年～1963年

また、政治はもとより教育、産業面においても米国の影響を多分に受けるようになった。新居崎邦宜氏が入職した一九四八（昭和二十三）年は、まさにマネジメント技術が米国の影響を大きく受ける時代であった。新居崎氏は日本能率協会のコンサルティング技術を語る際、忘れられない人物である。一九六三（昭和三十八）年、がんによって四十六歳の若さで世を去った同氏は、日本能率協会の常務理事・経営研究所長として、戦後の先進経営管理技術の吸収・導入に、常に先端的な役割を果たした。ＲＥＦＡ、ＩＥ、ＱＣ、ＬＰ、ＭＡＰＩ、ＰＭ、ＥＤＰさらにラインスタッフ論から標準化概念・原価分析概念に至るまで、同氏が手掛け、世に広まった経営技術・技法は数え切れない。新居崎氏は新しい技術を発見するとすぐに研究し、有用性を確認すると、次々に翻訳や教育という形で導入を図った。単なる翻訳者ではなく、本質を見抜き、理解し、自分のものにして紹介するそのスタイルは、熱心かつ迫力ある説得力を持ち、日本能率協会のコンサルティング技術に大きな影響を与えた。同氏は新しい技術を開発するということはしなかったが、それは日本のレベルを早急に上げるためにはこのやり方しかなかったからである。一九五〇年代から一九六〇年代にかけての日本では、新しい技術を導入することが重要であり、この時期に同氏が存在したことは、日本能率協会のみならず、日本経済にとって非常に有用であった。新居崎氏はその早い晩年、自らの寿命を悟りながらも、亡くなる前日まで病床で経営学について書き続けた。彼が残したこの原稿は、後に『経営学出門』（日本能率協会発行）として出版された。あえて「入門」ではなく「出門」としたのが意味深い。本書では経営学とは、まず企業活動の原理や構造を明らかにしたうえで、考え、行動するための学問であることから、行動（実践）し成果を上げることを目標とした科学的アプローチの重要性を強調している。

のちに作家の井上靖氏は、新居崎氏をモデルにした長編小説『化石』（KADOKAWA発行）を一九六七（昭和四十二）年に刊行している。戦後の混乱期に徒手空拳で切り抜け、生き延びた立志伝の実業家ががんに侵され、余命一年しか生きられない死の宣告を受け、己の死と孤独を見つめながら献身的に執筆している姿を題材としている。この重厚な作品は、のちに映画化もされた。四十六年という短い人生だったが、日本能率協会の原点が新居崎氏の生きざまに凝縮されているように思う。

敗戦後の復興に向け、日本能率協会は着実に歩みだした。一九四九（昭和二十四）年にはのちに理事長となる畠山芳雄氏が入職した。畠山氏は一九四四（昭和十九）年に陸軍経理学校を卒業。日本能率協会の事務技術講習会に参加し、講師の早川氏から日本能率協会に誘われる。同氏は週に一日だけ無給で通い、当時興味を持っていた売上高から、季節変動要素を除去して正味の傾向をつかむ方法を実際の販売データを使って分析する業務を担い、同年十二月に経営コンサルタントとして正式に入職した。畠山氏は経理出身の初のコンサルタントとして新分野を開拓。一九五〇（昭和二十五）年には、日本能率協会で初の原価管理のコン

畠山 芳雄氏（はたけやま よしお）
1924年～2014年

サルティングを開始。責任原価制度の確立、標準作成など、原価管理の基礎を構築した。一九五二（昭和二十七）年、一橋大学の松本雅男教授を代表に、畠山氏が事務局となって「原価管理研究会」が発足。一九五三（昭和二十八）年にはその研究成果が『原価管理』として発刊された。また、一九五七（昭和三十二）年、当時販売が低迷していたダイハツ工業の調査にあたり、超小型三輪車「ミゼット」のマーケティング計画に参画。ミゼットの好調な売り上げにより、ダイハツ工業の業績はその後好転し、高利益率経営が実現した。また、一九五八（昭和三十三）年に畠山氏は『会社はなぜつぶれるのか―経営破綻のはなし』（白桃書房発行）を発刊。日本能率協会の経営技術をやさしく紹介する『マネジメント・ライブラリー』の第一号となった。一九六〇年前後からはマネジメント団体も急増し、主に米国からの導入管理技術はブームの状態を呈するようになり、各種の導入管理技術が日本的に消化され、企業に定着していくようになる。これがコンサルティング業界の高度成長期の幕開けである。

3 高度成長期のコンサルティング

敗戦後まもなくは、診断型コンサルティングが主流となった。コンサルティング期間は数日から一ヵ月以内が多く、問題発見と課題提起と改善方向の提案にとどまっていた。しかし、一九五五年前後から問題解決の具体的実施の援助までを行う長期のコンサルティングが増加する。経営管理上の問題解決の改善アプローチである。また高度成長期を迎える頃から、新工場建設、レイアウト、組織変更、新組織編成等、将来問題に対する機会開発のためのデザインアプローチ的なコンサルティングが登場する。予測と対応策立案の具体的実施過程までを支援することになったため、三年、五年といった断続的長期にわたるコンサルティング形式が取られるようになっていく。そしてこのことが、より経営者の考える経営課題に対

十時 昌氏（とときあきら）
1920年～1992年

ZD 全国大会（1968 年 6 月）

する取り組み支援に対応した日本能率協会のコンサルティング技術向上と発展に繋がっていったのである。

一九六〇年代の日本産業界の課題は、製品の質とマネジメント基盤の向上であった。その課題解決の一つの方策としてＺＤ（無欠点運動・無欠陥運動）の普及が挙げられる。これは一九四八（昭和二十三）年に日本能率協会へ入職し、のちに第五代会長に就任する十時昌氏の貢献が大きい。十時氏は時代のニーズに応えるべく、すべての企業に役立つような優れたマネジメント技術の開発と、普及のための研究会や委員会活動を熱心に推進した。ＺＤ運動もその一環で、戦後、森川氏の片腕として米国のZDを参考に日本企業の経営風土に合わせたZD普及に尽力した。

新工場建設、工程管理、設備管理などの分野で精力的に日本企業の調査・指導に取り組み、成長期に設備分野で活躍したのが中嶋清一氏である。中嶋氏は一九四九（昭和二十四）年に入職した。一九五一（昭和二十六）年に東亜燃料工業（1951年当時）（現ENEOS）で定員査定を依頼されたことをきっかけに、予防保全を担当。その後、生産性向上と企業利益の追求を目的としたPM（「生産保全」を意味するProductive Maintenance）を学び、その普及・浸透をライフワークにしていく。一九六〇（昭和三十五）年の第1回メンテナンス・ショー開催を皮切りに、PM賞の設立、プラントエンジニアリング協会の発足など、その活躍と功績は枚挙にいとまない。

一九六九（昭和四十四）年には、日本電装（現デンソー）でのPM指導からTPM（「全員参加の生産保全」を意味するTotal Productive Maintenance）を誕生させ、中国、韓国、米国、ブラジル等世界にTPMを普及させた。

中嶋 清一氏（なかじま せいいち）
1918年～2015年

成長期には上記以外にも多くの管理技術が生まれている。設計管理、編集設計、スキル管理、PAC、MIC、ORDOLIX等、様々な機能分野で独自の管理技術が生まれた。生産分野を基軸に研究開発分野や事務分野のコンサルティング技術も構築されてきた。分野別に研ぎ澄まされたコンサルティングメソッドが生み出されていったのである。

三上 辰喜氏（みかみ たつき）
1921年～2009年

このようななか、日本能率協会のコンサルティング事業をマネジメント、マーケティングなど経営の多くの領域に拡大したのが岡田潔氏である。

※岡田潔氏については「第二章　岡田潔氏のコンサルタントとしての道のり」で紹介する。

前述した事務分野のコンサルティング技術の開発にはこの岡田氏が推進した経営調査のコンサルティング技術との関係が密接であり、この分野を牽引した三上辰喜氏（第六代会長）は岡田氏の経営調査やその技術に強い影響を受けつつ事務系の基本技術開発を進めた。事務機器のオフィスへの導入が活発となり、システム導入の動きに繋がっていく。

4 コンサルティング技術の伝統と株式会社日本能率協会コンサルティングの設立

多くの先輩を通じて伝えられてきたコンサルティングの考え方や態度は、「人間は成長し、企業もまた成長する」という基本的経営認識のなかにある。そのなかで何を求めて成長するのか、そのために成果を生み出すプロセスとは何か。その成果を支配する人間の考え方や態度とは何なのか。さらに人の仕事やシステム、組織、さらに製品やサービスを提供している事業などを研究して、経営や管理を改善、革新するコンサルティング技術の開発と、その望ましい実施成果の向上を求めて精進してきた日本能率協会のコンサルティング事業である。

マネジメント手法や管理制度は、知識として伝えられるが、仕事とは、組織とは、事業とは何かを通じて経営の問題解決と機会開発をコンサルティングしていくことは難しい。「Get the Facts」というが「一体事実とは何か」「本当に事実をつかんだのか」を考えるとそう簡単ではない。その事実は仕事や経営の「現場」に、しかも企業の内に外にあることを自覚しなければ、望ましいコンサルティングはできない。これらの態度は、現在より将来に向けてその企業に対する経営のためのサイエンティフィック・アプローチであり、マネジメントコンサルタントの基本能力であり態度なのである。

このような職業特性を踏まえて将来を展望するとき、経営コンサルティング技術とその武装化のための自主開発力強化やコンサルティング有効適応化のための組織化を図ることが必要だと考えた。また、海外企業のコンサルティング対応とその充実、コンサルティング事業の特性を踏まえた組織制度の積極的運営などが重要だと考え、今後求められるコンサルティング事業の急速な充実と運営の革新を目的に株式会社日本能率協会コンサルティング（通称ＪＭＡＣ）を設立する。一九八〇（昭和五十五）年四月のことである。

そして、世界的視野に立ってその独創的発展を図るとともに、日本能率協会および日本能率協会グループの各法人との望ましい対等な相互連帯を強く期待しながら、新たな航海に出発することになった。

第二章

岡田 潔氏の
コンサルタントとしての道のり

一　日本能率協会との出会い

1　「コンサルタントの神様」小野常雄氏に師事

岡田氏は一九一五（大正四）年に東京都で生まれ、早稲田大学理工学部卒業後、海軍航空技術廠を経て、海軍技術少佐として復員する。敗戦後は大東紡績、大日本造機を経て、一九四九（昭和二十四）年、日本能率協会創設七年目に入職した。当時岡田氏は、コンサルタントという仕事内容についてもよく知らず、そういった仕事で飯が食えるとも思っていなかったという。しかし、戦後の混乱期でもあり、とにかく就職することを優先し入職したという。

入職してすぐに技術会議（Gと称されていて、現在も継続して行われている）に参加した。これは、コンサルタントだけが泊まり込みで昼夜問わず、先輩・後輩の区別なく、自由闊達に議論を行う伝統的な会議である。当時の先輩は、そのときの岡田氏の印象を「第一印象は、新人なのにずけずけと発言する少々変わった人物だと思った」と語っている。会議の終了間近になって、彼は突然「我々コンサルタントは如何にあるべきかを、もっと真剣に討議する必要がある。プロフェッショナルとして、本質的な問題を討議しないのであればこの会議は時間の無駄である」と発言した。

この発言に対して参加者全員冷水を浴びた印象を抱いたという。しばらくして、自ら陣頭に立って長期にわたって生産の合理化調査をし、当時コンサルタントの神様とよばれていた小野常雄氏の下で仕事を学びたい、と自ら懇願。その後、当時作業部長であった小野氏の部下として本格的にコンサルティングへの道を歩むことになる。

小野氏のコンサルタントに対する持論は、会社を調べ、問題点や課題を抽出・整理し、対策を構築し、「こうやればよいのでは」と提案して、「後はよろしく」というコンサルタントの機能を否定し、プロフェッショナルなコンサルタントは、提案したことを会社と一緒になって実施し、成果を導くことにあると強調していた。岡田氏は、小野氏のこのようなコンサルタントという職業に対する信念に感銘し、小野氏を自らの師として尊敬していたという。

2　CCS経営者講座参加により開眼

岡田氏が日本能率協会へ入職した当時の我が国における産業界は、会社経営全体を体系づけ、経営とは何かを考えることはさほどなかった。また米国の駐留軍の占領政策は、重工業は戦争リスクが高いため電気通信関連企業の支援が優先されていた。まず米国の電気通信関係企業のゼネラル・エレクトリック（GE）やウェスタン・エレクトリック（WE）の経営コンサルタント十人程度が、我が国の代表的な電気通信関連企業を調査するために来日した。我が国の経営者層は、ほとんど経営およびマネジメントについての知見に乏しいという結論に至り、すぐに「CCS（シビル・コミュニケーション・セクション）経営者講座」を実施する運びとなった。内容は、電気通信関連企業の専務以上を対象に、経営とは何かを教育する講習会で、講習は八週間という長期間講習であった。初回は日本能率協会からの参加は許可されなかったが、翌年開催されたＣＣＳ経営者講座に日本能率協会から一名の参加が許可された。そこで作業部長小野氏の代理として岡田氏が参加した。この講習で徹底的に学んだ「経営とは何か」が、その後の岡田氏のコンサルタントとしての道を決定づけた。

一九四九（昭和二十四）年に日本能率協会は当時の基幹事業であるコンサルタント事業の大変革を行うために、従来顧客の抱える個別的な課題解決を中心とした短期的なコンサルタント業務から、主に米国のコンサルタント会社の中核的業務である企業全体の包括的課題の解決策や今後の経営戦略等を構築するといった、中・長期的契約によるコンサルタント業務への転換を図った。ここで岡田氏もこの変革メンバーに抜擢される。

日本能率協会第五代会長十時氏は、このときの岡田氏の印象をこのように語っている。「慣例的やり方や定型化した思考はすべて疑ってかかる。その本質を捉えて、納得するまで討議を繰り返す。他の人が手を付けた業務については、まったく興味を持たない。チーム全体の仕事の流れを壊したり、批判は決してしないが、自分の立ち位置を常に明確にしておく、こんな仕事に対する姿勢が、非常に印象的であった」と。

3 経営調査の始まり

岡田氏は、ＣＣＳ経営者会議で学んだ「経営とは何か」という視点で、大手製紙企業などに対して、経営調査を実践したが、試行錯誤の連続で勉強のための調査の域を脱していなかった。そして、本格的に経営調査に取り組んだのが関西に本社がある大手鉄鋼会社で、この経営調査が岡田氏にとって初めての大型プロジェクトだった。以降、岡田氏は生涯において、我が国企業の大小を問わず二〇〇社以上の経営調査を行うことになる。

※経営調査については、第二部・第六章　経営調査で詳細を説明する。

岡田氏は一時期、日本能率協会の理事・常務理事という要職を担っていたが、一九六三（昭和三十八）年には参与として経営コンサルタントに専念した。日本能率協会の発展を推進するコンサルティング事業のマネジメント業務という要職から、一介のコンサルタントの道を選択したのは岡田氏自らの強い希望があったからだという。

二　岡田潔氏の人物像

1　仕事への取り組み方

岡田氏の仕事に対する取り組み方は、ややもすれば狷介となったり、一匹狼的存在でチームワークを乱したりするのではと危惧される。しかし、岡田氏自身の人柄と情熱、加えて思いやりによって仲間や後輩が岡田氏を師と仰ぎ、多くの岡田門下生を輩出した。そして多くの後輩が口にするのが、「仕事に対してはとても厳しく、罵倒されたり、叱責されたり、なかには鉄拳を浴びた人も少なくない」というエピソードである。岡田氏はよく質問をされ、それに対して答えると、「それだけか、そんなんだからお前は駄目なのだ、もっと考えろ」と突き放すことで、本質的な問題が何かを考え抜く大切さを教えていた。ドラッカーが、「いろいろ考えて迷っている間は、意思決定することができないが、その中の本質的で、一番大切なものが見えたとき初めて決断できる。したがって、一番大切な能力とは、いろいろなもののなかから、一番本質的で大事なものを一つだけ取り出し、他を切り捨てるシンプリファイ・アビリティ（Simplify Ability）である」と語っているが、岡田氏の指導は、まさにドラッカーのシンプリファイ・アビリティと軌を一にしている。

岡田氏は厳しさと同時に、後輩に教えることが大好きな人で、そのことが後輩たちから慕われるゆえんであった。常々苛立ちを感じながら、根気よく、丁寧に教えてくれる岡田氏に対して岡田門下生は、共通して岡田氏の「訊く（きく）」能力を高く評価している。この能力はコンサルタントとしてクライアントが抱える問題点や課題を抽出するインタビュー能力のみならず、チームメンバーや後輩に対しての会話能力までも含む。

もっとも多く使われることが多い「聞く」という漢字の意味は、主に「自然に耳に入ってくる音を感じ取る」、「人の話や意見などを受け入れる」ときに使われる。また、集中的に聞くときは「聴く」という言葉が使われることが多い。一方、「訊く」は常用漢字外だが「尋ねる」、「聞き返す」という意味に使われる。

古代ギリシャの哲学者ソクラテスの名言に「私は誰の師にもなったことはなかったが、一方で、誰の問いにも、答えなかったことはなかった」がある。ソクラテスは老若男女に大変人気があった。人気の秘密は話を「訊く」からだと言われている。他人が何気なく言った言葉を面白がり、「ほう、それはどういうこと？　もう少し掘り下げてみて」と言って、さらに発言を促す。相手はウンウンと考え「こうではないでしょうか」と答える。ソクラテスはさらに「今の話を聞いて思い出したけど、こんな別の考えもあるが、どう思う？」と、さらに問いを重ねる。こうしたソクラテスの質問は、相手にどんどん思考を重ねさせ、湧き出す知の泉が自分自身にあることに気づき、それがうれしくなりソクラテスのそばに寄り添ったそうである。まさしく岡田氏の「訊く」能力も同様で、多くのクライアントや門下生が岡田氏の周りに集まってきた。また、岡田氏の「訊く」は岡田氏自身の学びの手段であったとも思う。

岡田氏が亡くなられた後、岡田門下生が岡田氏を偲び寄せられた追悼文集、「私の中に生きる岡田潔さん」には次のように語られている。

「潔く、情念で人を動かす型破り人間」

まず、岡田さんの人間像を描くと、「普通の人」ではない。「型破り人」である。最初に会った瞬間から、相手に強烈なインパクトを与え、「情」の世界に引きずり込んでしまう。情に任せて歌いまくり、時として大きな目に涙を溢れさせる。食事代わりの酒がエネルギー源になり、酔いが人間愛をほとばしらせる。名前の「潔」（いさぎよい）を身上にして、金や地位への執着心はさらさらない。人を愛し、人の本質を見抜くことに真剣であった。最初の出会いで岡田氏を「怖い」と思った人も、間もなく「優しい」と思うようになる「不思議な人」であった。

「経営の本質と理念に生命をかけて」

岡田さんほど、コンサルタントを自分の「天職」と信じて、経営の本質と理念を追求した人は他にいるだろうか。後輩コンサルタントの心に刻み込まれた岡田さんの経営観は今も脈々と生きている。「経営とは企業の天命を実現すること」、「企業を人間形成の場にしよう」という悲願は、「経営理念」として多くの経営者を励まし続けていた。

「人生の先達として教え育てる」

岡田さんは「企業経営の先達として教え導く」ことを、コンサルタントの使命と考え、それを体現した。「教え導く」ことは、お客様に対してだけではなく、後輩コンサルタントや、公私に渡って接触するすべての人々に及んでいた。仕事から人生まで、些細なことから哲学的なことまでの「教え」が、今も多くの人々の「生きざま」を支えている。

この追悼文集には、岡田氏のお客様、上司、関係者、門下生など七〇名以上の方から追悼文が寄せられている。この人数だけをとっても、岡田氏がいかに多くの方に慕われていたかがわかる。

2　岡田氏の人間力

岡田氏の人間力をひと言で表現すると「常に自らのモチベーション向上に努力し、周囲（上司、同僚、部下、加えてお客様）のモチベーション向上を支援する力」だといえるのではないだろうか。そして、この人間力を形成したのは、岡田氏自身が内包する徳「生まれながら具わっている気質」にあると思う。

まず挙げられるのが「思いやり」である。儒教の教え「五常の徳」は、「仁」、「義」、「礼」、「智」、「信」の五つであるが、そのなかの中心的概念が「仁」で、孔子がもっとも大切にしたものである。孔子は多くの弟子を育てたが、目指すところは自分自身が手本となって世の中に「仁徳」を広めることにあった。「仁徳」とは、推己及人《すいこきゅうじん》（自らの心をもって人に及ぼすこと）。つまり他人の身になって考え、相手の立場になって思いやることである。この

岡田氏の人柄と情熱が多くの岡田門下生を輩出した

ような心が「仁徳」であり、心に仁徳がある人を「仁者」と称する。岡田氏は厳しく後輩を指導したが、ほとんどの後輩が岡田氏を慕っていたのは、岡田氏の「思いやり」があったからこそだと思う。

もう一つは、徳としての「思い」であり、岡田氏自身「思いの強さ」という気質に基づく「可能思考者」であることが挙げられる。可能思考とは、自分にはできる、実現できる、と常に「できる」と信じる思考傾向を指す。いわば「思い」がとても強い人だということだ。松下幸之助氏の人間観の原点もこの可能思考にあるといわれている。松下氏は「協力は無理に得ようとしても得られない。熱意と誠意で、懸命に取り組むところに、おのずと人は集まってくる。真の協力は、権力や同情では得られない。本人の『できる』という志の高さによってのみ得られる」と語っている。このように岡田氏の人間力を形成する「思い」と「思いやり」が、自らのプロフェッショナル・コンサルタントとしての仕事に対する取り組み方や後輩の育成の原点となっていると考える。

第二部

経営生きもの論

第二部「経営生きもの論」は、日本能率協会の経営コンサルタント・故岡田潔氏の講演録、追悼文集、雑誌寄稿文等を、関係者や岡田門下生がまとめて構成したものです。岡田氏の人となりを感じていただくため、岡田氏の一人称による語り形式となっています。

第一章

経営は「生きもの」

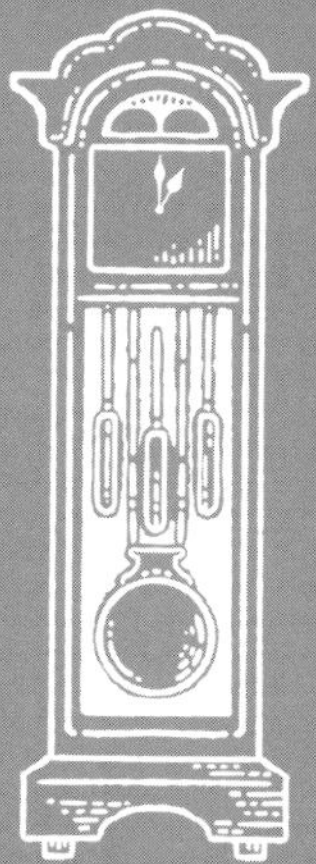

一　矛盾の統合こそが経営

1　先達の言葉から経営を捉える

私は、経営を中心としたコンサルティングを行う際、経営を全体として見るように心がけてきた。「経営とは何か、経営を正しく見るにはどうしたらよいのか、どうしたら経営は良くなるのか」という問題意識は、頭から片時も離れたことはない。

経営には極めて矛盾撞着したところがある。これは経営に携わったことがある人なら誰でも感じるはずだが、一方でこの実感を経営学のなかで説明してくれるものはない。ましてや、矛盾のなかに発展する動機が存在している経営の現実をどう考えたらよいかとなると、まったく頼りにならないのが経営学の書籍というものである。

実は、毛沢東の『矛盾論』ではこのことが理論的に説明されている。彼は、「戦闘とは守ると攻めるとがまったく矛盾して存在している。攻める一方で塹壕から飛び出して敵弾に倒れてしまっては戦は負けだ。そうかといって、守る一方で塹壕の中に閉じこもっていては勝つことはできない。戦闘は守ると攻めるというまったく矛盾したことをうまく統合したときにはじめて勝てる」と言っている。

経営も同じで、生産部門は標準化された少品種の製品を安定して多量生産することを望み、コスト低減と品質の向上、納期確保の責任を果たそうとする。一方、営業部門は逆で、品揃えを豊富にして少量生産で、しかも市場変化に対応できる短納期のフレキシブル生産体制とその体質を要求する。営業が「売れないのはモノが悪いからだ」と強調すると、「うちの営業は弱いので、そのツケを生産に押し付けている」といった対立構造ができ、なかに入る業務部門が右往左往することになる。この両者の立場を一次元高いレベルで統合するのが経営であり、「経営のための生産」「経営のための営業」という概念で生産・販売を考えるべきである。

日蓮は「煩悩の薪《たきぎ》を焼いて、菩提の慧火《えか》、現前するなり」（悩み・悶え苦しんで初めて、思いもよらなかった智慧が湧いてくる）と言っている。対立する利益が衝突し、創造による克服が生まれることを意味しているが、矛盾が創造と革新を誕生させる起点となる。経営の中では、このような矛盾や因縁が常に綾なしており、それこそが経営の生きざまだと思う。

人間の社会には理だけでは通らないことがある。人間の能力には「考える」という理性と、もう一つ「思う」という感性がある。人間の思うとは心の問題で、他からの強制はできない。個人の尊厳であり、生きものの尊厳だ。この思うという感性は、考える理性に対して、陰に陽に、「正」にも「負」にも作用するので、理性ではわかっていても情に負けるとか、本音と建て前とが綾なしている。

夏目漱石の『草枕』の冒頭に「智に働けば角が立つ、情に棹させば流される、意地を通せば窮屈だ、とかくに人の世は住みにくい」とあるが、情理を尽くさねば人は動かない。

2
自ら生き延びようとする生命力

普通の無機物は使えば減るが、「生きもの」は使うほどよくなる。住宅は住む人がいなくなると傷みが激しくなるが、住人がいると自然と蘇ってくる。住宅も「生きもの」といえるが、経営も現実の悩みのなかで鍛えられ成長していく。結論を先に言えば、「経営は生きもの」なのだ。

私はこれまでに、業績がよくて、ジャーナリズムにも華やかに取り上げられるような優れた経営者がいる会社の経営調査をしばしば行ってきた。そのとき、どんなに優れた経営者も「岡田さん、どうしても自分の思うように会社が動かない」と悔しがっていた。世間から見ればワンマン会社と言われる会社のトップでさえこうつぶやくのだから面白い。ちなみにその会社の社員が社長に反抗しているかというと決してそうではなく、社員も優れた経営者であることは認めている。「もしもあの人がこうしろ、と言えばその通りに動く」と言っている。にもかかわらず、「社員たちが思うように動いてくれない」と嘆く経営者は少なくない。

人間は三歳くらいになると個性ができてきて、親がこうしてやろうとしても意のままにならない。経営も誕生してしばらくすると一つの個性ができてきて、その個性に従って生きるようになる。たとえ会社のトップであっても、その個性に反した動きを強行すると、組織の排除作用が働いて、意のごとくには進まず、時としてトップ自体が排斥されることがある。

経営には、言葉にし難い〝何か〟が存在する。コンサルタントとして、いったん会社のなかに入り、会社の人々と肌を接してつき合っていると、理屈でなく、なんとなく感じてくるものがある。そして、その会社がこれまでなぜこのように動いてきたか、これからはどう進むことになるのかが、自然にわかってくるように思える。これは、「生きもの」だから、と考えることによってしか説明することのできない微妙な感覚だ。この感覚は、コンサルタントにとって何よりも大事にしなければならないものでもある。

小説家が小説を書く場合、全体のあらすじを考えてから筆を走らせるが、いざ書き始めるとまったく違う展開になることがあるという。たとえばA子とB男が結婚するはずの筋も、いつかそれぞれが小説のなかでひとり歩きし、当初考えていた方向から大きくそれてしまうことがある。「生きもの」というものは、ちょうどこの小説の男女のように端倪《たんげい》すべからざる（始めから終わりまでを安易に推し量るべきでない）ものだ。「生きもの」にはどこまでも生き抜こうとする執念がある。生きようとする力は「生きもの」である限り、その生命体の中から自然に湧き出てくる。生きるために必要な力は経営体のどこかに潜んでいるはずだ。これを見つけ出すこと、そしてこの力を引き出していくことこそ経営者の仕事であり、その手助けをするのが経営コンサルタントの仕事である。潜んでいる生命力の働きを信頼して、その力が十分に機能するよう刺激を与え、全体のバランスを調える仕事だ。

生きものには不思議な創造力・生命力がある。その創造力・生命力をかきたてるのが経営だと私は思う。経営は生きものであり、それ自体伸びて行こうとする生命力を持っている。生きものには、どういう姿が正しいとかいうゾルレン（当然すべきこと、そのようにあるべきこと）はない。矛盾撞着し、個性的である姿そのものが生きものの姿である。

創造性は生きものの一つの特性だ。したがって、経営をよくするということは、経営が過去・現在に培った個性と生命力をいかに増大させるかということに他ならない。

二

漸進と飛躍を繰り返して成長

1　成長の二つのタイプ　漸進と飛躍　―蝉脱《せんだつ》の期―

「生きもの」は自ら成長していくが、カーブを描くように少しずつ伸びてゆくものではなく、必ず階段を踏んで飛躍するように伸びてゆくものだ。言ってみれば、子どもの成長のようなもので、生まれた子どもは三歳ぐらいで大きく飛躍をする。少しずつ言葉を覚えるのではなく、ある段階になると急にべらべらとしゃべり出す。これは口がきけない段階で聞き覚えていたものが、ほとばしり出るからだ。

昆虫の変態がわかりやすい。蝶でいうと卵からイモムシに、イモムシからサナギに、サナギから蝶に変態する。卵の時期のように内部の変化は進んでも外形的にはまったく成長しない時期がある。その二つが交互に組み合わさっている。

サナギは生きものとしての一時点での顕在化した姿には違いないが、一方で、いつの日か蝶になるべく内なる革命を続行している。その目に見えぬ革命の潜在力が高まって、行きつくところまで高まると、突然爆発するかの如くサナギは蝶に変わる。

生きものである経営も同じだ。経営の生命の力は、顕在力と潜在力の二つをもって見なければならない。

ちなみに成長のスピードが変わるときが一番危険な時でもある。大きく飛躍するチャンスでもあるが、その分リスクも大きい。そして、危険であるかどうかは、潜在力の強さによって決まる。サナギが蝶になるのは、サナギのときにサナギの状態を維持するだけでなく、蝶へと成長を続けるための潜在力を持っているからである。

経営の場合も、現状を維持することだけに力を使い切ってしまえば飛躍は望めない。変化するときに力を出し切り、それ以後はじわじわと力を蓄積して、次の大きな飛躍に備えなければならない。逆に、自分の持っている力以上の変化は必ず破綻する。破綻した経営を見て、しみじみとそれを感じてきた。このような経験から、私は、経営の成長には二つのタイプがあると感じている。

一つは、同じ経営基盤・事業基盤の上で成長していく伸び方であり、もう一つは、経営基盤を大きく変えて飛躍的に成長する伸び方である。つまり、じわじわと伸びる漸進と一気に伸びる飛躍だ。成長の仕方は、その会社がおかれている状況と、それへの対応の仕方で決まってくるが、一般的にいって十年も同じ基盤で伸びている会社は必ず業績が落ちてくる。成長を続けている企業は、五～六年に一度のタイミングで大きな変化に直面し、小さい変化は二～三年に一度のタイミングで起きるのが普通である。そしてポイントになるのが、どのように変化に対応していくかということだ。

経済学者であり、未来学者でもあるドラッカーは「歴史的に見て、三十年以上繁栄した企業は少ない。もちろん繁栄しなかったからといって消滅したわけではない。しかし、ほとんどの企業は繁栄期の後に低迷期を迎える。つまり上り坂を直線的に登って成長した企業はない。右肩上がりで成長した企業は存在しない。ほとんど企業は階段を使って登ってきた。山登りに例えるならビバーク（野営）しながら登ってきた」と語っている。ビバークとは、登山において緊急時に野営することを指すが、ビバークには「思いがけない野営」と「あらかじめ予定した野営」の二つがある。一般的にビバークといったら緊急時の

「フォースト・ビバーク」を指す。予定よりかなり遅れたり、仲間がけがをしたり、天候が急変したり、道に迷ったりして、その日のうちに目的地に着けない可能性が生じた際、緊急避難的に山中で一夜を越すことである。ビバークで重要なことは、緊急避難所としての役割に加え、気象状況や仲間の疲労感などを冷静に見極め、明日以降の登山計画を見直すことにある。下山を決断するなど登山計画の見直しを間違えると死に遭遇することもある。

経営にとって、変化の時期を誤りなく生きていくことは、生死をかけた大事な活動である。飛躍の時期と漸進の時期のそれぞれに合ったマネジメントを進めていかなければならない。飛躍の時期は、その時期の選択を見誤らないこと、そして変革に向けて全身のエネルギーを投入したマネジメントを行うことが必須である。この時期の選択とエネルギーの注ぎ方を誤ると、脱皮し切れないで死んでいく蝉のように、成長の途中で経営が破錠する。これに対して、漸進の時期のマネジメントは何よりも力の蓄積である。現在の仕事を的確かつ効率的に進めながら、体力の充実と蓄積を図っていくことが肝要である。つまり、飛躍期のマネジメントの誤りが「生きもの」としての死に繋がるのが経営だとすると、蓄積期でのマネジメントは管理が重要になる。管理がよいからといって急な飛躍ができるものではないし、管理が悪くてもすぐに倒れるというものでもないが、この時期の蓄積しだいで飛躍の時期のエネルギーが決まってくる。

大きな飛躍をしなければジリ貧に陥るし、変化に挑戦して失敗すれば危機に陥る。蝉が脱皮する時期、すなわち蝉脱《せんだつ》の時期こそ、経営にとってもっとも注意しなければならない大切なときなのだ。この時期をどう捉え、どう対処するかで経営のすべてが決まってしまう。

蝉脱は経営の危機であるが、同時に飛躍のチャンスでもある。

2 蝉脱にどう備え、対処していくか

飛躍的革新のマネジメントを正しく行うことは、経営上の重要な課題である。それにもかかわらず、こうしたマネジメントについてはこれまであまり語られることがなく、天才的な経営者の指導によるものといった見方が強かった。しかし、現実の経営において革新的なマネジメントを進めるためには、少なくとも課長クラス以上の参加が必要であり、飛躍期についての共通理解なしに対応することはできない。管理のためのマネジメントと、革新のためのマネジメントとでは、仕事の性質も必要とされる担当者の能力もまったく異

なる。

しかも、この矛盾した二つの能力は、トップと管理職との間の分業で済ますことはできない。これからの経営幹部には、この矛盾した能力を兼ね備えていることが要請されており、それがなければ経営は極めて危険なものになる。

革新的業務成功の秘訣を蝉脱にたとえると、次のようになる。

①どういう変化をしたらよいか、その変化の方向を誤らないこと

蝉は蝶にはならないし、おたまじゃくしは蛙以外のものになることはできない。しかし、経営は人間がつくった生きもので、どう変化させるかは経営者の責任だ。その会社がどう変化したらよいかを見つけ出さなければ、その経営がわかったとはいえないのである。この点はコンサルタントもまた同様だ。

努力すれば経営は何にでもなれるという考え方もある。しかし、経営のなかで将来を考えるとき、一定の範囲が想定される。大切なことは、現時点では何ができるのか、現実の時間の範囲内ではどこまでの変化が可能であるのかを、はっきりと理解したうえで方向づけをしていくことだ。

図１　経営の革新による成長と経営力

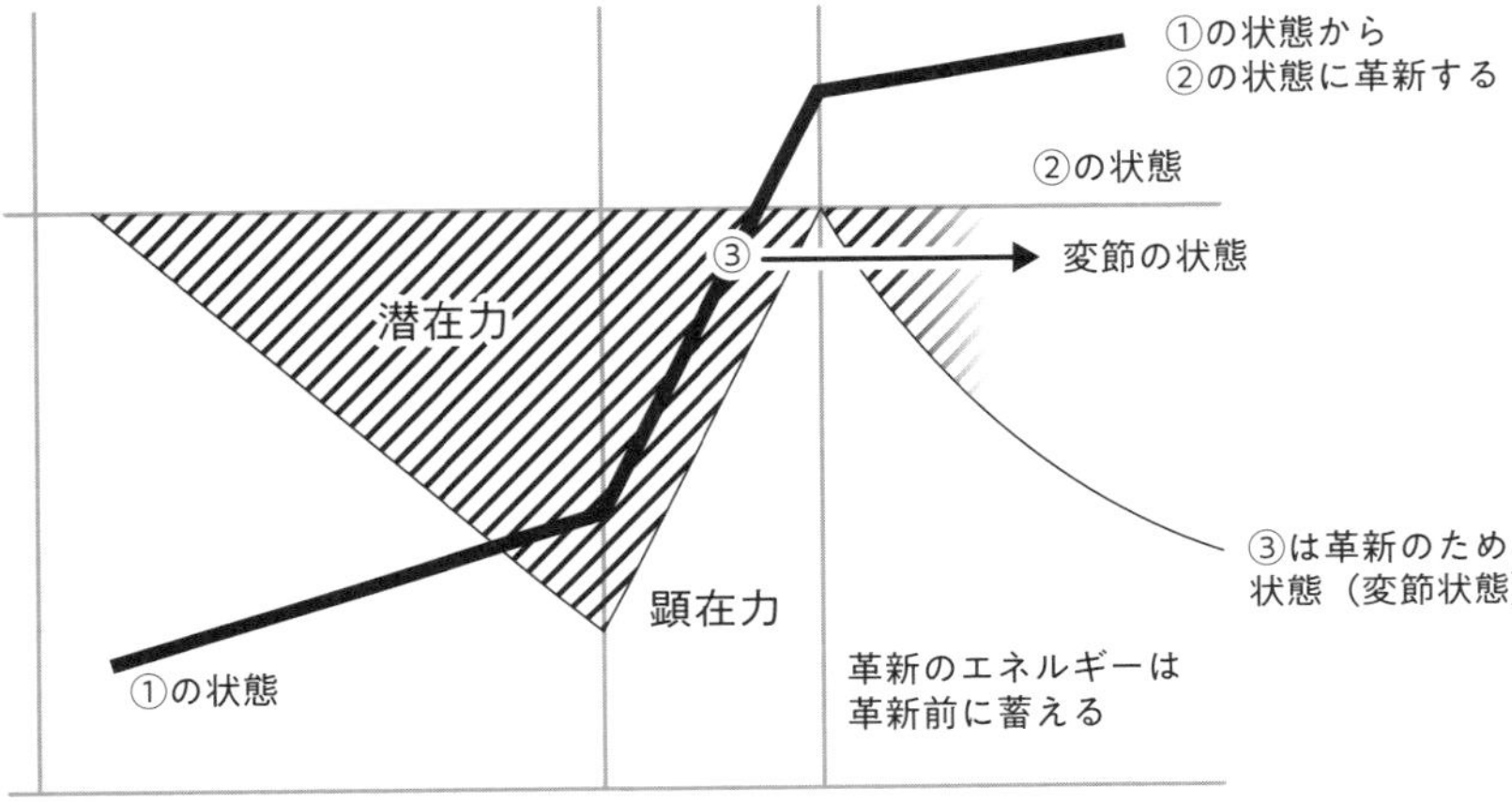

②飛躍革新の時期を間違えないこと

いつ変化すべきか。適切な時期を見つけ出すことが重要だ。蝉の脱皮には、いつ変化を始めて、いつ変化が終わるといったタイミングがあるのと同じで、経営も変化の時期は早すぎても遅すぎてもだめだ。変化の時期の選択を誤って失敗した会社は実に多い。経営における蝉脱の最大の判断ポイントである。

③飛躍革新のための力が蓄えられていること

幼虫の蝉は、地上に這い出るまでの間、土の中で成虫に変化するための準備をしている。そして時期が来ると、地上に穴を掘り、木をよじ登り、自分の殻を破って蝉になる。その力は一体、どこから生まれるものなのか。答えは自分自身にある。変化前に必要な力、エネルギーを蓄える。そして変化が近づくと、持っている力を少しずつ出し始め（変化のための準備作業）、変化の直前になると蓄えていた力を一気に出し切って飛び立つ。このときの力が足りなければ、その蝉は脱皮に失敗して死んでいく。

飛躍に対する準備をしすぎるということはない。もし十年もかかるような大きな事業転換を行わなければならないような場合なら、遅くともその変化が始まる数年前には変化の最終結果がどんな状態になるかをつかんでおかなければならない。こうした予測なしには、どれだけの力を蓄えておけばいいのかがわからないからだ。

経営の長期計画というのは、このような飛躍の準備のために行う。経営の長期計画は、十年先の売り上げや利益を占うものではなく、現在を生きるためにあるのだ。時々刻々起こる変化に順応しつつ、計画を修正し続けて現在を乗り切りながら、いつの日にか起こる大きな変化に備えるのが長期計画の役目だ。

生きるということは、不断の努力を積み重ねながら、創造的進歩の道筋を誤らず歩み続けることを意味する。

3

外部環境に順応し、内部環境に適合する

「生きもの」はそれ単体で生きるのではなく、環境に順応して生きていく。順応のなかで成長し、変化する。

ダーウィンはガラパゴス諸島で、環境に適応して種が分化していくという「自然選択説（自然淘汰説）」にたどりついた。たとえばサボテンの実を食べるフィンチという鳥の場合、乾燥した島の実は硬いため、クチバシが大きく長く発達している。そのような環境ではクチバシが小さく短い個体は生存競争に敗れ、適した個体が生き残り、特徴を次世代に伝える。これを適者生存と言っている。

企業経営もまた取り巻く環境に順応しながら生きている。自分勝手に直すことのできない外部環境があれば、外部環境の変化を先取りしてその変化に合わせるように自分自身を変えていく必要がある。そしてその外部環境を探る手立てになるのが市場調査である。市場は、顧客、流通、競合の三つから成り立っている。国内のみならず、グローバルな視点

も求められる。

顧客は消費者であり、超高齢化社会に向かっているのであれば、高齢者向けに商品の仕様を変えたり、高齢者向け商品の開発などを課題に据えたりすることが必要になる。流通でいえば、業務スーパー、大規模安売り店、百円ショップの地域別店舗数の推移を見たり、ネット市場を分析したりすることが重要になる。業態間のシェアの変動を知り、従来なじみの流通だけでなく、新たな流通経路を開拓する必要に迫られる。競合では、自社の売り上げ伸び率と、業界全体の伸び率がほぼ同等だとしても、主要競合他社の売り上げ伸び率に比べて自社が低いとすれば、シェアを食われるリスクが高い。また、従来の競合に加えて、今まで自社の顧客としていた業種が競合に転ずる動きなどの情報にも敏感になることが求められる。このような市場調査を含めたマーケティングが外部環境の変化を捉えるうえで重要性を高めている。

内部環境は、事業、財務、組織の三つから成り立っている。事業的側面は、その会社がどのような業種であり、どのような業態であり、どのような規模の組織であるかによって測られる。どのような技術を持ち、どれだけの業界リーダーシップを持っているか、といった業界地位なども含めて考えられる。業界シェアを伸ばしている事業、逆にシェアが落ち込んでいる事業が何かといった分析が重視される。

経営の外部環境の変化は、もっとも順応と転換を要請される側面だといってよい。財務面については、バランスシートから見た側面ともいえるが、全体の売上高や価値的に見た技術・ノウハウといった、経営の力を経済的観点から見たその会社のあり方を捉える必要がある。組織的側面は、一般的には従業員数や、本社、営業所、工場等の所在地といった基本的な事項から、組織機構上の特性や教育制度、研究開発体制、技術系社員の陣容といったことが把握対象になる。

一般の生物は細胞が結集して一個の独立した生きものとなっている。また、その結集力が強いため、個々の器官が抜き差しならない関係になり、一つの器官がだめになると全体も死んでしまうという欠点がある。

これに対して、経営という「生きもの」は、人間という個々の集まりで成り立っているが、その結集力は一般の生物に比べて非常に弱い。抜き差し自由で、古い考えを持つ人から新しい考えを持つ人に代えることも可能だし、新製品を売り出す事態になれば、新しい血を入れて対応することもできる。この、結束力が弱い、という経営の特性が、私の組織研究のよすがであり、経営生きもの論に到達したゆえんでもある。

三　「生きもの」へのコンサルティングとは

1　「生きもの」の持つ自己治癒能力

生きものは、身体に傷を負っても、自らの力でこれを癒していく能力を持っている。経営も同様で、生命力を持った組織であれば、必ずその組織に潜む問題を見つけ、解決方法を模索していく。問題が理解されれば、解決は自然に進むのだ。

私の長いコンサルタントとしての経験から、組織の自己治癒能力には心からの信頼をおいている。また、コンサルタントはこの信頼に基づいて仕事を進めていくことが本道だと考える。コンサルタントの使命は、この自己治癒能力を引き出すことができるように援助することであり、コンサルタント自身が問題の解決を図っていくことはできないことを自覚しておくべきだ。

実際、社外から飛び込んできたコンサルタントに何ができるというのか。短期間の調査で得たコンサルタントの結論が、その会社で一生をかけて仕事をしてきた人たちが思いつかないものであったという話はまずあり得ない。また、考えつかないような深遠な提案をコンサルタントから出すことも無理だ。

しかし、そうはいっても実際には我々の報告のあとで、その会社の経営者から「予想外の提案を頂くことになり、目を開かれた気がします」「やはり外部の専門家は私たちとは考える基盤が違っていますね」などといった言葉を頂くことが少なくない。これはどうしたことか？　その答えを見つけるために、こうした問題の基盤にある経営幹部の判断のもとになる考え方を整理してみよう。

経営者は極めて多岐にわたる業務を統括している。このため、日常の細々した雑務上の判断から、経営を危機に陥れかねない重要な緊急問題まで、すべての意思決定課題が経営者のところに持ち込まれ、次々に判断を迫られる。そのため、基本的な問題については常に考えを巡らし、経営の在り方、進め方についての統一的な判断ができるように努力しているのが普通だ。言い換えるなら、経営者は常に効果的な意思決定を行うために、個人固有の判断パターンを持っているのだ。

この統一概念は、優秀な経営幹部ほど十分に考えを詰めており、多くの場合、その人自身の倫理観・世界観にまで及ぶ信念となっている。ただし、問題はここからである。経営幹部の手元にとどく日常の情報のなかには、この信念を突き崩すようなものも存在し、時としてじわじわと経営を蝕むように進行し、ある日突然、顕在化することも少なくない。そして組織の習性として、トップの信念の修正を要求するような情報は、よほど大きなエネルギーを持った事件でも勃発しない限り、組織階層のひだのなかで吸収されてしまう。経営幹部の認識が時として事態の変化に遅れをとるのは、こうしたことも関係している。このことは、コンサルタントにとって二つのことを意味している。

第一はコンサルタントが問題を見つける前に、組織のなかの誰かが問題の所在に気がつき、解決への模索を始めているということだ。しかし組織が大きくなればなるほど、あるいは古くなればなるほど、縦と横の断層は深刻になっており、解決への努力の存在すら伝わらなくなる。コンサルタントにとって大切なのは、部分的であれ何らかの形で問題の存在を訴えかけている状況を察知することだ。生きものには自らの危機を知り、自らの力で治癒していこうとする能力があることを理解することだ。インタビューによって、関係者の腹蔵ない意見が聞ければ、問題の所在とその解決の方向はなんらかの形で示唆されるといっていいだろう。コンサルタントがしなければならない仕事は、組織のひだを押し広げ、関係者の問題意識を組織全体の確信にまで高めていくことである。これができて初めて、コンサルタントの提案は組織を動かす力となる。

コンサルタントが本当に相手としているのは、経営者をはじめとしたその組織の中心になっている人々の信念だ。したがって、コンサルタントが経営問題を調査するときには、経営の内外にどのような問題が存在しているかを調査するだけでなく、その調査の結果をどう伝えたら経営者は理解してくれるのか。彼らの信念のどこを修正したらよいのか。彼らが現在、本当に必要としている世界観・倫理観、そして経営観は何か、といった問題を突き詰めて考えていくことが重要である。

第二は組織の信念にインパクトを与えられれば、問題の大半は解決するということだ。コンサルタントは要求されれば喜んで問題点の解決や解決案の実施の手伝いを行う。しかし、経営者が優秀であればあるほど、あるいは会社の能力が高ければ高いほど、本当の問題は彼らの考え方そのものにある。もともと会社は自己治癒能力を持っているから、彼らの考え方になんらかのインパクトを与えれば、問題は解決に近づく。コンサルタントとしての基本的な責任はもう果たしているといえる。何かのシステムをつくり上げたり教育を行ったりという仕事は、こうした組織の問題解決能力を助けることに意味があるのであって、組織の信念にインパクトを与える仕事と、その後の問題解決のための援助とは別個の仕事だと考えるべきだ。

2　問題を理解させるための「経営調査」

詳細は第六章に譲るが、「経営調査」とは、経営者に対して会社が当面している問題を再検討することを要請し、彼らの確信をより現実的なものに置き換えていくためのコンサルティング方式である。

「経営調査」を定義づけるとすれば、企業の持つ三つの側面、すなわち事業面、経済面、組織面ならびに外部環境という経営全般についての調査を行ったのち、企業が現在当面する、また将来当面するであろうと予想される問題を分析すること。そして、問題を解決する方策の大綱（方針）を立案することだといえよう。その意味では経営調査と、部分的に行う専門調査とは本質的に違う。経営者側からいえば、経営には三つの重要な条件がある。

その第一は、経営はたえず革新を迫られており、革新にあたっては既存概念を捨てなければならないということだ。第二は、日本の経営は仲間集団の臭いが強く、責任の所在が極めて曖昧な場合が多い。そこで幹部間の経営に対する問題の見方や、対策の方向を正しく、しかも同じように理解しなければならない。第三は客観的判断の導入だ。それは企業のトップが遠慮しがちで言えないことを、第三者つまりコンサルタントの意見（客観的）として叩き台にするということである。

コンサルタントの側からすると、この三つめがもっとも大きい問題だ。経営調査の進め方として、①現状、②目標、③目標時の想像、④②と③の差異の追求、⑤対策の順序となるが、このプロセスを踏まない限り答えは出ない。つまり、その企業の現状を十分に把握し、そこから目標を立て、段々と追求していくことによって問題は自然に浮き上がってくるのだ。自然に出てくる問題への対策であれば、相手から納得を得るのも容易である。こうした方策をつくることが正しい仕事の手順であり、このことを診断技術という。医者にとって診断法が大事であるのと同じように、コンサルタントの腕前もこの診断技術がもっとも重要である。

しかし、この技術を実際に適用するためには相手企業のトップの信頼が必要になる。逆にいえば、経営調査の顧客は経営トップであり、その信頼関係の構築が経営調査の良し悪しを決めるといってもいいだろう。

3　経営が生み出した価値が経営の「命（いのち）」

経営は「生きもの」であり、「命（いのち）」がある。命とは、「生きもの」としての存在を支えるものであり、メーカーであれば企業が生産している製品が命に該当する。この製品によって企業経営は社会と結びつき、社会のなかで存在意義を発揮することができる。もっとも、企業が社会と結びつき、存在価値を与えられているのは製品という品物というよりも、その品物が果たす役割だといえる。つまり、命とは、顧客にとって価値のあるものを経営が生み出していると評価されたときに存在する。生み出している価値こそが「生きもの」としての経営の命なのである。

たとえば、小売業にとっての製品＝命は、自らが生産したものではない。あくまでもメーカーがつくったものを仕入れて、それを販売しているにすぎない。しかし、その品物による事業成果は金額の上で出ており、商品の売上高から仕入原価を引いた粗利益が小売業が生み出した付加価値になる。そしてその付加価値は、その商品を扱うことの中に組みこまれた、次の三つの価値によって生まれる。

①場所の価値

客が青果店に行くのに、今までは家から十五分歩かなければならなかったのに、家から歩いて五分のところに新しい店ができたら、客はその五分で行けるという「場所」に価値を感じ、新しい店に野菜を買いにいく。駅のそばにあるという場合も、会社と家との往復の間に買い物ができ、わざわざ出かける手間と時間が省けるところに「場所」の価値を見いだす。

小売店の「場所」は、新製品が使用者に新しい利便を提供したり、日常用品が我々の生活を支えたりすることとまったく同じような意味で、顧客にとって価値のあるものなのだ。

②商品の選択

取り扱っている商品は、自分が生み出したものではないが、その選択は自分が生み出したものだ。「あそこの精肉店はいつでも安くていい肉を売っている」という評価は、消費者がその店の商品選択に価値を認めているということを意味する。

これは一品一品の選択だけでなく、全体としての商品の組み合わせ、品揃えをどうするかという選択の結果でもある。特定領域の品揃えの専門店として勝負するか、売れ筋商品に集中させた大量販売で顧客を吸引しようとする量販店を志向するかで、来店する客の気構えも変わってくる。また、スーパーは一ヵ所で食品、雑貨など複数の種類のものを買えるというワン・ストップ・ショッピングが利便性という価値を生み出している。逆に専門店は消費者の細かいニーズに対応してくれることに価値を生み出している。

③売り方

小売店が生み出しているもう一つの価値は売り方だ。顧客の財政状態に合わせて高額商品を購入しやすくする月賦販売や、一九三〇年代に米国のシアーズ・ローバックが農村部への販売にカタログによる通信販売を行って成功したケースは、売り方の価値が買われた例だといえる。スーパーのセルフ・ショッピングの成功も、省力化だけでなく顧客の好みに適合したことを忘れてはならない。また、スーパーとデパートは、商品の回転率による価格設定が異なる売り方を行っている。

いずれにせよ場所の価値、商品の選択、売り方、この三つが客にとっての価値であり、小売業がつくり出す価値＝命である。コンサルタントにとって、経営の本当の命を見抜くことが、経営を見ていくときの基本になる。何が顧客に認められ、その企業を永続させていく源になっているのかを理解できなければ、コンサルタントの活動は展開できない。

四　生成発展する経営の源

1　経営の「命」とは

「生あるものは必ず滅す」。人間も蝶も犬も猿もいつかはみんな死んでしまう。経営も生きものであるならば、みな潰れてしまいそうなものだが、生成発展し続けている企業もある。つまり、経営は生きものではあるが、他の生きものとは違い、潰れなくても済む「生きもの」である。

経営の命は、経営が生み出した製品だと言ったが、経営が「生きもの」なのに死なずに済むのは、製品を買ってくれる顧客がいるからである。逆に顧客から見放されるとその命は短命に終わる。つまり、経営は命である製品を進化させ、顧客に評価され続けることで長く生きられる存在なのだ。

製品の価値は大別して二つに分かれる。一つはその経営体の生んだ価値であり、もう一つは外部から購入した外部購入価値である。そのうち、製品の命は、経営体の生んだ価値、つまり付加価値を指す。この付加価値が少なくなったら、その経営は命脈を断つ。それが失われれば存在意義がなくなってしまうもの、それが命である。経営が何によって社会と結びつき、何によってその存在が評価されているのか。顧客が認める価値基準で計り、価値のあるものを経営が生み出しているときこそが、経営の命を延ばす作業であるといえる。

我々が分析しなければならないのは、この付加価値がどうなったらどう変化し、どのような意味を持つかということである。製品に付加価値さえあれば会社は続くが、さらに大きくするためにはこの命を増やさなければならない。これが外部購入価値である。命は変わらなくても、それを培っていく大きな生命力があれば付加価値は増大する。

命である製品と、それを培う生命力が何であるかを分析することができれば、会社の分析はおおむねできたことになる。

2 経営を支える生命力 ―営業力・技術力・組織力―

経営を支える生命力の第一は、製品を市場に送り出す力、つまり営業力である。これは営業部門だけの力を意味するのではない。製品自身が市場に受け入れられなければ意味はなく、そう考えると製造部門の技術力も営業力の一つといえる。また、市場が欲している時期に適切な製品を送り出すことも営業力が担っている。外部の流通機構と関係を構築する際の信用力、自社の販売組織や消費者の持っている会社へのイメージといった有形・無形のものまでが営業力に含まれる。

経営を支える生命力の第二は、技術力である。技術力もまた技術部門だけの力ではなく、製品を生み出す力全般を指す。具体的には、製品技術力と製造技術力に分けられる。製品技術力とは、市場が受け入れてくれる製品の性能を生み出す力である。使用価値、効用を生む力で、主として設計中心の力である。自動車でいえばスピードやガソリンの燃費、居住性など使用時の機能性である。また、消費者は気まぐれであり、機能だけでも製品は売れない。デザイン、色など顧客の嗜好も市場性に合わせる必要がある。

製造技術力は、その製品をどれだけ安く、間違いなく、安定して作れるかという製造力、いわばＩＥ（生産工学）である。製造工程においては作りにくいものもダメである。付加価値を生み出すための加工費が高くつくからである。付加価値はコストなしでは生まれないが、もし付加価値を生み出すためのコストが付加価値以上であるならば赤字になる。赤字は、まだ命はあるが病気にかかってしまった状態である。病気を治すためには病気に打ち勝つだけの生命力たる技術力や営業力が不可欠であり、これがないときには倒産という憂き目を見ることになる。経営における製品技術力は、設計、製造、営業の全部が統合されて初めて確固たるものになる。

経営を支える生命力の第三は、組織力である。経営は多くの人、多くの資金、多くの設備などから成り立っている。内部だけでなく、株主、銀行、外注先、購入先、顧客など、多くの外部の利害関係者の存在もある。これらの人、資金、設備、利害関係者の中で、中心となるのはその企業を構成する「人」である。人によって、あらゆるものが活動し、活発にもなれば停滞することもある。この一番大事な「人」をどう組織化し、その人が持っている能力を結集させ、シナジー効果（相乗効果）を発揮するかが問われるのが組織力だ。シナジー効果というのは、複数で連携することで、単独活動以上の効果が生まれる。１＋

1が2ではなく、3にも4にもなるのだ。

3　生命力を培うもの

経営を支える三つの生命力は、経営の力で培われる。どんなに有能なセールスマンや技術者を引き抜いてきても、そのままではシナジー効果は生まれない。会社の本当の力になるためには、組織として生かすことが求められる。組織力は、今までどのような製品をつくり、売ってきたかということで培われる総合的な力である。

たとえば、船や建物のような個別受注生産品の仕事をしてきた会社の営業力と、自動車やテレビのような大量生産品をつくってきた会社の営業力とでは内容は異なるが、会社や製品の歴史と伝承によって培われてきた力であることには違いはない。設計部門にしても、営業部門にしても、誰が誰を育てたかという会社の伝統が技術力、営業力、製造力になる。決して寄せ集めでできるものではない。

経営と「生きもの」の類似点を整理すると、命＝製品であり、生命力＝営業力・技術力・

図2　経営と生きものの類似点

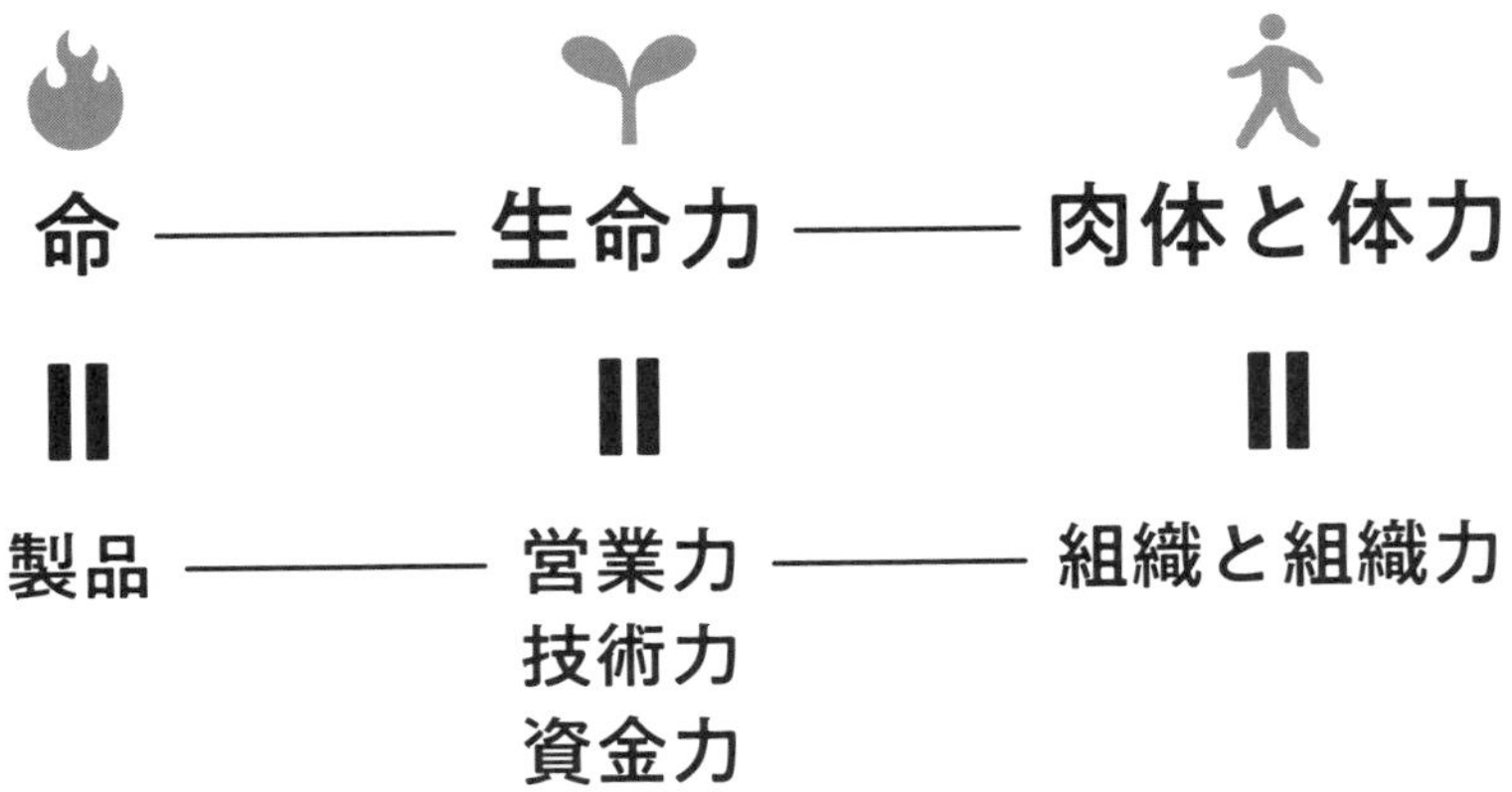

資金力、肉体と体力＝組織と組織力と考えることができる（図2）。

組織とは、集団活動における人の分担と、人と人の関係をいう。分担には当然、係長・課長・部長といった縦の分担と、営業部・研究開発部・製造部・総務部といった横の分担がある。組織力とは、集団で行う仕事を構成する各人の努力がどの程度発揮されるか、その程度を示す。

情報は人間の身体における神経と考えられ、情報網は神経網であると考えられる。また、給与は生きものの血液と考えられ、コストと考えるのは誤りである。

このように、経営の本当の命を見抜くということは、経営を見ていくときの基本的な問題で、コンサルタントにとっては特に大事な仕事である。何が顧客に認められ、企業を永続させていく源が何かを理解できないようでは、コンサルタントの活動はできない。

4　製品分析から見る経営の特性

経営の命である製品を分析することにより、経営の特性が正しく理解できる。具体的には次の三つの点から分析する。

①第一の分析　——経営のプロセス分析

製品が生まれる前から顧客に消費され消滅するまでのプロセスを検討することで、経営の立脚点を確認するものである。経営の命である製品は、事業や業種によって千差万別だ。経営が生み出した価値という意味での製品は、企業が選んだあるいは選ばされた特定の顧客と、自社の持っている技術とのバランスの中から作り上げられている。コンサルタントはこの微妙な関係を十分に理解しないと、調査も提案も不十分なものとなる。私は、そうしたことを防ぐためにプロセス分析を重視した。

一般のプロセス分析は、会社の中の製造プロセスを対象にすることが多いが、私のプロセス分析は、自社内の製造プロセスはもちろん、原料生産のプロセスや製品の消費プロセスまでを含めた全社および社会的なプロセス分析だ。したがって、その企業が社会の経済プロセスの中のどの地点に位置して、どのような基盤の上に事業を営み、どのような顧客にどんなサービスを提供しているのかについても調査対象になる。換言すれば「事業についての社会経済プロセスと、そのなかでの経営の立脚点の確認」が主であり、このプロセス分析はまさに経営の命の分析そのものだと考えている。

製造業の事業プロセスは、大別してその会社が購入する原材料を生産する原料プロセス、製品を生産する自社の製造プロセス、その製品を消費者に手渡し、消費者のところで消費されるまでの流通と消費のプロセス（マーケティング・プロセス）の三段階になっていることがわかる（次ページ図3）。

製品がイメージしやすい製造業について、自動車を例に見てみよう。自動車の主要原材料は鉄であるが、私の分析では鉄鉱石が掘り出されてこの世に出てきたところから始まる。そしてこの鉄鉱石が高炉で溶解されて銑鉄になり、平炉・圧延を経て自動車用の薄板コイルとなって納入される。このプロセスを一とおり眺めたうえで、当該プロセスでの技術的

図3　製造業の事業プロセス

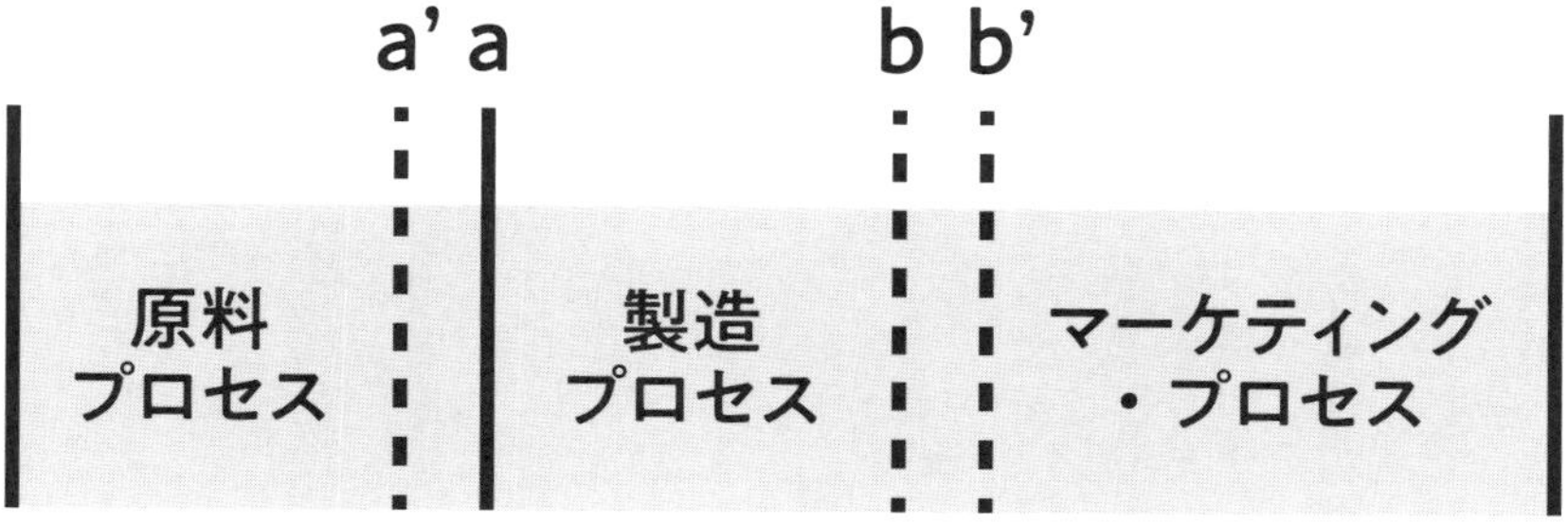

な問題や業界のあり方、競争状況等を検討していく。こうした検討はその企業あるいは業界によってまちまちであり、問題の状況によっては海外の情勢も検討の対象になってくる。いずれにしろ検討の結果、その会社の重要な危機やチャンスが浮かび上がってくる。自社の製造プロセスを詳細に分析するのは必須である。この場合、自社工場の分析だけでなく、下請け企業の状況とかライバル企業の技術およびコストの競争力といったことも検討する。

自社内の販売部門はマーケティング・プロセスの一部として分析される。マーケティング・プロセスは、ユーザーの手元で使用されるところの分析対象から下取に出ていくため、下取市場の分析も不可欠である。こうして、消費者へ手渡されるところから消費者の使い方、さらに鉄屑となって消滅するところまでのプロセスが検討される。

第三次産業の中にはこうしたプロセスを全部一人でやってしまうケースもある。保険業なども基幹産業の補助的役割であるが、全部一人で担う。こうした状況は、いわゆるサービス事業では少なくないが、この場合でもプロセスの分析は必要である。

しかし、一般的には全部一社でやることは少なく、当該企業がこの全事業プロセスのなかでどの部分を担当していくべきかという問題は出てくる。原料プロセスの中にまで関係して活動の幅を広げ、付加価値を高めていくことは、「命」の幅を広げることになり、マーケティング・プロセスを中心に事業の展開を図っていくということもありうる。いずれにせよ、その製品や事業のプロセスのなかで、その会社がどれだけの部分を受け持ち、自社の事業として展開するかによって、その会社の特色と個性が出来上がっていく。ちなみに、会社の性格を製造プロセスだけで見てしまうと、十分な調査結果が得られなくなる。

ある製紙会社の調査に携ったことがある。段ボールの中芯を生産する会社で、製造される物は紙であった。その工場の技術は紙の製造技術であるため、自社を製紙会社だと考えていた。しかし、私がみたところ主力製品は梱包材料に使用される段ボールの材料、また、その原料は八十五%が屑市場から調達している。こうした会社は製紙会社とみるのではなく、梱包材料会社として位置づけるべきだろう。この会社の研究所は、もっぱら紙の研究を行っていたのだが、私は競合製品である材料・プラスチックをこそ研究すべきではないかと思い、提案した。理由は、その製品の事業プロセス全体がどの業界にあり、どのような顧客にどのように購入されているのか、そしてどのように消費されているのか、といったことを正確に見極めていくことは、経営を見ていくときの大前提であるからだ。

この事例は、プロセス分析が自社の担当プロセスだけを見ていればよいというものではないことを示している。日常の経営管理でも、全事業プロセスを見渡しての判断が必要である。たとえばメーカーが小売に代わって宣伝したり、配送や販促を行ったりしている。今ではごく当然のこととして行われているが、メーカーが問屋を差しおいて量販店に販促セールスを差し向けることなど、考えてみればおかしな話である。担当プロセスといっても、この境界は極めて曖昧なものだといえる。企業は自社の売り上げと利益が増えることを狙っているが、そのためにはプロセス全体が強くなければならない。必要ならどこまでも出ていくことになるだろうし、その産業の事業プロセスのなかで弱いところがあれば、企業はその部分に乗り出して必要な投資をしていくということもある。

一方、こうした全体の企業の産業構造のなかで、一番投資が多いところが決定的な意味を持つことが多い。したがって、原材料やマーケティングの会社に支配権を握られては困る状況に陥るとき、製造は強力な資本を系列化していこうとする。こうして担当プロセスは図3のaから系列化しているa′に、あるいはbからb′に実質的に広がり、二段構造のプロセス・ミックスとなる。

自分の会社が、全プロセス一社で握るか、あるいは実質的な支配を行うためにそのなかのキーポイントになる部分を握るか、それとも全プロセスの支配をあきらめて特定プロセスに集中するか。こうした決定は、その会社の持っている人材や資金など、経営資源の幅を見据えながら判断していく戦略的な決定事項である。

事業プロセスの分析こそ、企業が何を生み出し、どのマーケットにどのようなサービスで、顧客からどのように評価されて、最終的に利益という形で結実させ、企業の永続性を確保していくかを検討する第一のポイントである。

②第二の分析 ――製品の寿命分析（ライフ・サイクルの検討）

第二の分析は製品の寿命分析である。製品には寿命があり、人間の生命と同じように生まれてから徐々に成育し、ある時期にはびっくりするくらい急速な成長を遂げることもあるが、いつの日か成長が止まり、徐々に衰退していくものだ。製品の寿命分析とは、こうした製品の一生（ライフ・サイクル）を明確にし、現在の製品がライフ・サイクルのどの段階にあるかを明らかにしていくことである。これによって、製品事業についてのマネジメントの正しいあり方を検討していくことが可能になる。

企業経営とその製品の違いは、製品には寿命があってしだいに滅びていくが、企業の経営は、その製品の差し替えが可能である限り、企業経営の「命」は永続できる可能性がある。企業の「命」は製品であって、その製品には寿命がある。放っておけば経営も寿命が尽きていくが、やり方によっては「命」それ自身を差し替えていくことができるのだ。つまり、企業経営には、「命」の永続性を確保するためのマネジメントが必要であり、分析では個別の製品の寿命とそのライフ・サイクルの中でのマネジメントのあり方を対象とする。

製品における幼年・少年期と壮年・老年期では、同じ製品でもマネジメントのあり方が大きく異なる。幼年期はまだその製品が顧客に本当に受け入れられるかどうかがわからない時期で、新製品を受け入れてくれる市場を懸命に捜していくと同時に、どうやったら顧客の要求に合った製品が作れるか模索を繰り返す時期にあたる。この時期のマネジメントは何よりも創造性の発揮に主軸があり、こうした努力のあと、顧客に受け入れられる製品が出来上がり、特定市場での立場が固まると少年期に入っていく。

少年期は何よりも売り上げを伸ばしていくことが重要である。幼年期に開拓された市場は、その製品の価値が認知されていくにしたがってどんどん拡大していくが、同時に競争相手も現れる。しかし、これがかえって市場を拡大することとなり、予想外の成長に導く。しかし、この成長はすぐに市場の大きさという壁にぶつかる。地方製品は全国製品に、全国製品は海外へと飛躍の道が見つかるとさらに拡大していくが、それもやがてどこかで停滞する。この停滞の前ではまだ成長を続けているが、成長率はしだいに低下し始めてくるのが壮年期である。この時期は老年期に生き残れるようにトップ・シェアを確保するか、独自の製品としてのマーケットを確保するかが最大の課題となる。

老年期になれば利益の確保が第一となる。もう成長はあまり期待できず、次にとって代わる製品が出てくるまでに最後の果実を採り入れていかなければならない。この時期は衰退期ともよばれ、事業的にあまり意味のない時期のようにとられているが、実際には安定して収益を稼げる時期となることが少なくない。

このように、事業のマネジメントは製品のライフ・サイクルがどの段階にあるかによって大きく異なる。実際一つの企業はいくつもの製品を抱え、いろいろな段階のマネジメントが混じり合う。このため、経営管理の方法についてもいろいろ考えられてきているが、一番基本的なマネジメント方式は製品別の事業部制組織である。

これまでの製品分析は、ある一つの製品がある一つの市場での受け入れられ方がどう変わっていくかを検討した。この場合の〝一つの市場〟というのは、〝同じ価値基準で計ってくれること〟ということであって、同じ製品が同じ地域のなかで受け入れられている場合であっても、価値基準が違うところは異なる市場とみるべきだ。たとえば、同じ万年筆が同じ東京という場所のなかで売られていても、会社が創業記念日などで贈り物にする万年筆と、一般の小売店で個人が買っていく万年筆とは別の市場での売り上げと考える。まったく同じ製品でも、そこに新しい価値基準が加わると、これは新しい市場での製品ということになる。「マーケット・セグメンテーション」という言葉があるが、これは価値基準がどう違うかで市場を区分していくものだ。

こうみると製品の区分はかなり細かく、企業の実際をみても一つの会社の製品はかなり多くの種類のものから成っていることがわかる。そこで、一つの会社の製品の構成はどうなっていなければならないか、という問題がでてくる。

③第三の分析　——製品の組み合わせ分析（経営の命の複合構造）

経営の命は製品であるが、この製品は決して一種類ではなく、その物理的・経済的内容によって、いくつかの種類で構成される。経営の命は単一のものではなく、いくつもの製品から構成された複合構造だといえる。経営の命は、人間や動物の命と違って、半永久的なものとして考えていくことができると言ったが、その背景にはこうした複合構造がある。

ちなみに経営の命の構造をみていくと、相互補完性という戦略原則があることがわかる。現状の事業展開のなかでの相互補完性と、現在と将来の間での相互補完性である。現状の事業展開のなかでの相互補完性とは次のような意味である。

ここにA、B、Cという三つの製品を持つ企業があったとする。Aを持っているためにB、Cが有利になるという状況があれば相互補完性があるということになる。これに対して、Aもいい、Bもいい、Cもいいという単独で存在している状態であれば、相互補完性はないということになる。一般に相互補完性が高い方が効率的であり、経営を見るときは、どこに相互補完があるかを見ていくことが大切となる。

この時点の相互補完性の分析は、プロセス分析を基礎におく。製品A、B、Cそれぞれのプロセスについてそれぞれの状況を見て、相互補完が原料プロセスにあるか、製造プロセスにあるか、マーケティング・プロセスにあるかを検討する。たとえば原料調達面でA、B、Cが同じ原料を使用している場合は、B、Cを持っている方がAにとって有利である。また、同じ設備を使っている、あるいは同じ製造技術によってつくられた製品であるかといったことも大切である。たとえば、夏期に集中して売れる製品であるアイスクリームの製造設備を使って、冬期に売れる製品をつくることができれば、高い相互補完性があるということになる。マーケティング・プロセスについても同様だ。冬でも売れる製品があれば、流通機構も安定し、販売力は強化されることになる。

これに対して、現在と将来の相互補完性は、製品の寿命分析から見ていく。A、B、C

の製品全部が老年期にあるとしたら、この会社はそう長く存続することはない。経営というのは一家のなかに老人も子どももいるように、あらゆる世代の製品がバランスよく組み合わされていなければならない。これは売り上げの代替関係ではなく、付加価値または利益の代替関係であることが前提で、こうした関係がどうなっているのかも分析していく。

経営が「生きもの」であり、そこに「命」があることについては、これまで繰り返し述べてきたが、この命は前述のように複雑な構造を持っているため、これを正しく見抜いていくことによってのみ、経営を正しく判断できる。逆にもしここを見誤れば、その後どんなに詳しい調査を行っても、そこから出てくる結論に頼ることは危険である。

我々コンサルタントが失敗することがあるとすれば、その大半はここに起因する。若いコンサルタントに対して「お前、何を見てきたのだ」と文句を言うのはだいたいこの点についての見解が曖昧だからである。このため、我々は必死になって製品を調べる。その会社の製品はどういうものから構成されており、どのような特性があり、将来どうなるかといったことから経営の基本問題がいくつも出てきて、何をしなければならないかもはっきりとして見えてくるのだ。

第二章

革新こそ生き延びる道

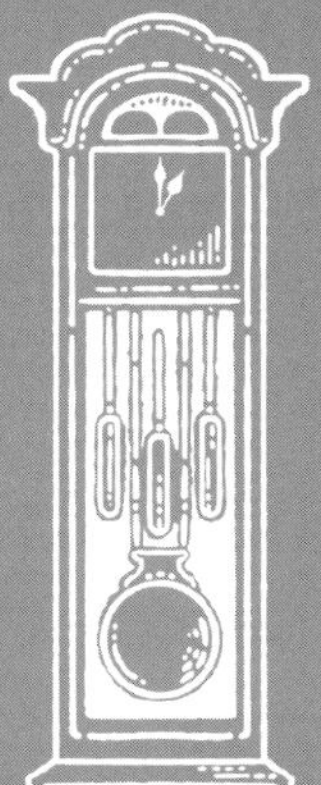

一　経営にとって最大の革新課題とは

1　現製品の限界を直視せよ

経営は外部環境に順応し、内部環境に適応して生きていく。この順応、適応というのは、とりもなおさず経営体を変化させることに他ならない。そして経営にとっての最大の変化は、その命である製品を差し替えることである。この場合の製品は、具体的な品物だけではなく、「顧客が認める価値基準で計った、その経営が生み出した価値」であることは、再三述べてきたとおりである。

経営にとって第一に大切なことは、「現在の製品」をどう伸ばしていくかである。というのは、現在の製品が現在の経営を支えているからである。しかし、現在の製品だけで経営がやっていけるならそれに越したことはないが、実際にはそうはいかない。どんな製品にも寿命はあり、環境が変化するにつれ、遅かれ早かれ陳腐化する。したがって、企業が永続していくためには、好むと好まざるとにかかわらず、常に新しい製品開発にチャレンジしなければならなくなる。

ところが、この新製品の開発を誤ったことで、一流会社が二流、三流に落ちた例はたくさんある。一般に、既存製品の売り伸ばしに比べ、新製品開発は不成功に終わる確率が高い。既存製品は十の努力をすれば、その報いは十といえなくても、七、八割は返ってくる。しかし、新製品については、当たらなければゼロである。新製品が実際に事業化される確率は、大雑把にいって二十分の一くらいのものであろう。あとの十九にかけられた努力は、失敗の歴史だ。新製品開発に失敗はつきものであり、失敗を繰り返すことを覚悟しなければ、新製品開発などできるものではない。既存製品の経営とはそこが違う。このように、新製品の開発にはリスクがつきまとう。したがって、本腰を入れて取り組むには、まず現製品の限界をよく見極め、新製品開発の必要性とそのタイミングについて、関係者の間で共通認識をつくっておくことが大切である。

2 現製品の見極めから新製品が生まれる

現製品が幼年期、少年期、壮年期、老年期のどこに位置しているかをよく見極め、新しい製品を育てて、「命」を補完していかなければならない。経営は、顧客や業界の動きと従業員の成長に合わせて、少なくとも必要最低限の成長率は維持していかなければならない。もしその会社が属している業界の成長率以下の成長しかできないとすると、業界での相対的地位が下がり、やがては限界生産者となる。すると不況の波を他の会社より早く受け、好況に転じるときもその波に乗り遅れ、結局は脱落する。従業員は年々能力を高め、その能力を発揮することを望んでいる。さらに年齢とともに生活が豊かになることを期待している。そして、これらの要求に対して満足させることは、企業経営の責任であると考えられている。そのためにも必要な成長率は維持していかなければならない。

ところが、現製品だけでは必要成長率を維持していくことは難しい。したがって、既存製品だけに頼っていると、いつかは行き詰まるのだが、既存製品でなんとかやれているうちは、危機感が湧いてこない。また、既存製品だけで十分やっていけると思っているうちは本当の新製品は生まれ難いのも事実である。

新製品を生み出して成功させる原動力は、トップをはじめ全関係者の危機感と、その危機感に裏付けられた強い意欲にかかっている。新製品開発を成功させるには、第一に現在の製品でどこまで伸びていけるかを予測し（成り行き予想）、次いで業界での地位を保ち、かつ経営内部のニーズを満足させるためには、いつまでにどれだけ伸びておかなくてはならないか（成長目標）を見極める。そのうえで、成り行き予想と成長目標とのギャップを埋めるために、いつごろから新製品開発を手掛けなくてはならないかを明確にする。そして、これからのことについて、トップをはじめ全関係者が共通の認識を持つことが必要だ。

ちなみに、新製品を成長させようと思ったら、徹底的に現製品を見極めることが効果的である。「現製品の見極めから新製品が生まれる」というのは、このことを指す。

3　ライフ・サイクル補完型新製品と余裕資源活用型新製品

ひと口に新製品といっても、いくつかのタイプがあり、経営的にはこれを分けて考える必要がある。経営が永続するためには、現在の製品が寿命曲線の壮年期、老年期にきていたら、その後に次の柱となるべき新製品が続いていなければならない。それを「ライフ・サイクル補完型新製品」といい、便宜上「A型新製品」とよんでおく。

これに対し、「余裕資源活用型新製品」（B型新製品）というのは、余った資源を有効活用するためのものである。たとえば鉄鋼業では、炉からでる炉カスを使って土地を埋め立て、それを本業の事業拡大に使っていたが、鉄鋼業が不況になると、その土地をゴルフ練習場とか自動車練習場にする。要するに、余った資源を有効活用して、少しでも現製品事業のコストを軽減しようとするわけだ。

また、炉の燃料を原子力発電に切り替えると、今までの技術者のなかにはそれについていけなくなる人が出てくる。この人たちの働く場をどうするか。経営者は、働く意思のある従業員を養っていく責任があり、必要なときだけ人を使い、要らなくなったらポイと捨てる感覚で従業員をカットしていったら、それ以外の人も「明日は我が身」と思うに違いない。一部の人たちからだけでなく全員から支持されるためには、一人も落伍者を出すことなく、会社が全従業員に対して責任を果たしていかなければいけない。その責任を果たしていくためにも、Ｂ型新製品が必要なのだ。

かつて高度成長を支えるために投入された莫大な人と設備が、低成長時代に入って過剰となり、これをどうするかが大きな問題となった時期があった。「淘汰の時代」を迎え、企業が生き残るためには、目まぐるしく変わる環境の変化に順応し、経営の構造をたえず変革していく必要がある。そのためにはＡ型新製品が必要であるが、半面、Ａ型新製品についていけない人たちをどう生かすかも切実な問題である。

その際、Ｂ型新製品だけで採算がとれるならこれに越したことはないが、それだけではなく、Ａ型と組み合わせることにより全体のコストが安くなり、採算がよくなるものがあるなら、それでよい。

Ａ型新製品がどちらかといえばマーケットを中心に考えるのに対し、Ｂ型新製品は現在の設備や人を中心に考える面が多い。もちろんＡ型といえども、これまでの製品で培ってきた資源をどう生かすかを考えるべきで、Ｂ型といえどもマーケットニーズを無視するわけにはいかない。しかし、Ａ型とＢ型とでは、経営的意味合いはまったく異なる。新製品といえば当然のことのようにＡ型新製品だけを考えがちであるが、現実問題としては、これら二つの新製品開発を分けて考え、状況に応じて選択または組み合わせていくことが必要である。

二　経営基盤づくりのプロセス

1　現製品を足掛かりに新製品を

A型新製品にしてもB型新製品にしても、その事業化を進める場合、現製品との関わりを考慮する必要がある。既存製品と新製品、ともに経営の生命線であることに変わりはないが、既存製品を永年手掛けてきた会社は、その製品を手掛けることでそれなりの基盤や体質をつくってきた。その基盤や体質が、新製品を受け入れられる土壌を持っているか否かが問題である。

生きものが脱皮するとき、これまで蓄えてきた潜在力を使って跳ね上がる。企業の場合、その潜在力は既存製品で培ってきた営業力、技術力、資金力、組織力によって決まる。

また、一つひとつの会社には、天与の使命のようなものがある。これを経営理念というならば、新製品はこの経営理念にもとるものであってはならない。そしてこの経営理念は、これまでの経営努力のなかから育まれてきたものだ。この意味で、新製品は現製品で培われてきた土壌のなかから生まれてくるといっても過言ではない。しかし、その土壌が新製品の体質に合わない場合はその新製品は育たない。したがって、現製品の延長線上にある改良製品程度のものは別として、既存製品とは異なる特性を持つ新製品を事業化しようとする場合には、既存製品で培われた経営力をベースにしながらも、体質をどう変革していくかが大きな課題となる。

2　新製品の成否は基盤づくりの成否にかかる

顧客や技術が現製品と比べて根本的に異なる新製品を生み出そうとするのなら、既存の経営基盤を質的に変革し、土壌改良をしていかないとうまく育たず立ち枯れてしまう。また、顧客や製品が異なれば事業経営のツボも異なるため、今までのやり方に固執しすぎると失敗する。

かつて某自動車部品のメーカーが、その卓越した設計技術と製造技術を生かして耐久消費財への進出を企てたものの、見事に失敗した例がある。この会社は、かねがね特定のユーザーに依存する生産財に飽き足らず、広く一般大衆を相手に、自由に事業展開できる消費財へ進出することが夢であった。新たに開発した試作品の出来は素晴らしく、先発メーカーのどの商品よりも品質的に優れたものであった。また、この会社の製造技術をもってすれば、コスト的にもライバル企業に十分対抗し得る自信があった。経営陣は販売面に多少の不安を感じていたが、某商社の流通網に乗せることで話し合いがつき、新製品の事業化に踏み切ったのである。

初めこそ好調だったが、やがて伸びは止まり、その後は返品が続出する。実際、売り上げが順調だったのは流通段階までで、末端の消費者にはほとんど届いていなかったのである。加えて、あてにしていた商社も製品の販売に積極的ではなかった。自社の責任で宣伝を行い、販売促進をするなら、自分の流通チャネルを使わせてやるといった程度にしか考えていなかったのである。また、返品リスクはすべて自社で負担することになっており、新製品の販売は完全な失敗に終わった。

この会社の失敗は、流通チャネルを甘く見すぎたことにある。自動車メーカーのような特定ユーザーに依存する生産財であれば、特定ユーザーのニーズに合わせ、ライバルより良い品物を、より安く提供できればそれでよい。また、この会社のこれまでの製品は、実質的にはユーザー直販で、流通業者は介在していなかった。したがって、流通チャネルの大切さと難しさについての理解が決定的に欠けていたのである。

一般に、幅広い消費者を対象とする消費財では、流通チャネルの存在が事を左右する。いくら優れた品物を安くつくっても、それが末端の消費者に知られなければ売れるはずはない。またいくら宣伝をしても現物が店頭に並ばなければ意味がない。これは広告宣伝や流通チャネルの問題であり、もしこの点で先発ライバルに劣っていれば、いくら良い品を生産しても売れ残り、そのリスクは生産者が負担しなければならない。

このように、現製品とは事業特性の異なる新たな分野に進出するときは、事業特性の違いをはっきり認識し、そこで待ち受ける先発ライバルは想像以上に手ごわい相手であることを覚悟し、本腰を入れて取り組まなければならない。新しい分野で成功するには、相当の時間と金をかけ、その製品に必要な基盤づくりから始める覚悟が必要なのである。

新製品事業化の成否と以降の発展は、その製品を支える経営基盤の良否にかかっている。

そして経営基盤とは、次の三つを含んだものと考える。

・企業のニーズ
・生命力（技術、営業、資金）
・体力（人、組織）

「企業のニーズ」とは、その製品に対するトップをはじめ、全関係者の期待感であり、それが強ければ強いほど成功の確率は高くなる。

「生命力」とは、その製品を支える技術力、営業力、資金力などをいい、これらの生命力がその製品の特性にマッチしたものでなければならない。

「体力」とは、生命力を支える人や組織のことで、これが不足していたり、十分機能していなかったりすると、生命力の発揮も維持も困難になる。

経営基盤は、本来、事業遂行の積み重ねによって出来上がるもので、それをつくりあげるには相当な年月と費用を要する。また現在、経営が保有している生命力なり体力は、既存の製品によって培われたものであり、新製品にそのまま向くとは限らない。その意味では、新製品事業化は、新たな経営基盤づくりのプロセスである。良い製品さえ出せばなんとかなるだろうという安易な考え方は、物不足時代ならともかく、物充足時代には通用しないことを認識すべきだ。

三 新製品事業化の成功条件

1 トップ主導の衆知の結集が成否の鍵を握る

一般には、研究所のようなところが新製品を開発するセクションだと思われているが、そうではない。研究所は新しい製品技術や製造技術を生み出すところであり、新製品の開発、事業化は本来経営者がやることである。

新製品の事業化を成功させるには、現事業との関連その他、経営の様々な側面についてきめ細かな配慮が必要である。また新製品の開発には、当然のことながら大きなリスクを伴うが、そのリスクを負担し得るのは経営者しかいない。にもかかわらず、研究所に新製品開発の成果責任を負わせ、経営者はその成果のみを追求するケースが少なくない。そのために開発担当者は焦りすぎて、もう少しの辛抱でものになる芽を潰してしまう。それは、ちょうど赤字会社が経費節減のために教育費などの先行投資を削り、現在のために将来の布石を犠牲にするようなものである。

製品を事業化するまでにはいろいろなプロセスがあり、最初のアイデアはそのプロセスのなかで選別され絞り込まれる。そして新製品として販売されるのはせいぜい二十のうち一つ。残り十九は日の目を見ない。もっとも、その十九が全部無駄かというと必ずしもそうではなく、やりようによっては技術力として立派に蓄積される。そしてこの蓄積された技術力を新製品やその後に続く製品に生かせるかどうかは、マネジメントの力による。

新製品事業化を成功に導くのは会社全体の総合の力であり、研究開発部門だけの責任ではない。そして、この総合力はトップ自らが指導性を発揮することにより可能となる。新製品開発に成功している多くの企業は、トップまたはこれに準ずる人が開発の陣頭に立ち、直接の責任を負っている。その意味で、新製品開発の成功の鍵はトップが握っているといっても過言ではない。

2

見込みのないものは早くやめる

新製品を事業化するうえで大切なのは、成功の見込みのないものは早く見切りをつけることである。ダラダラと引き延ばしていると精力が分散する。研究開発に熱心なトップが、研究所へしきりに足を運ぶのは、研究者の士気を鼓舞するためでもあるが、それよりも実際の進行状況や問題点を自分の目で確かめ、総合的な見地から、進むべきかどうかの決断を誤りなく行うためである。

ある会社で二十余りのテーマを抱えて開発が進められていた。私はそれを見て、見込みのあるテーマを四つだけ残し、他はおやめなさいと忠告した。するとトップは、いやそんなことをしたら、研究者や開発担当者の士気が下がると心配された。

しかし実際には、担当者はトップがやめろと言うのを待ち望んでいた。本人も成功の見込みはないと思いながら、やめるにやめられず弱っていたのだ。このような〝ヘビの生殺し〟が一番いけない。精力の無駄遣いであるばかりか、かえって士気の低下を招く。

新製品を途中でやめる場合、特に注意すべきことは、プロジェクトを中止したことを理由にその責任担当者の能力を低く評価しないことである。新製品開発はもともと成功しにくいもので、その責任をあまり厳しく追及しすぎると、やめるにやめられなくなってしまうからだ。

新製品の成否の鍵は、アイデアそのものよりも育て方にある。見込みのないものを思い切ってやめるということは、他の見込みのあるものだけに力を注げるということだ。

新製品の開発においては、最初のアイデアの段階から事業化までを次の三つの段階に区分することができる。

①調査研究段階

アイデアの事業化を前提にして、その可能性を模索する段階

②製品開発段階

製品を開発し、それが市場に受け入れられ採算に乗るかどうかを探る段階

③事業化準備段階

本格的に事業化するにはどうすればいいのかという具体策を立案し、一切の準備を整える段階

個々のプロセスでは、三つの機能系列（技術系列、市場系列、経営系列）によって貫かれ、足並みが揃っていることが重要である。もし一つの系列だけが先走り、他の系列が初期段階で頓挫すれば、先走りした分だけ無駄になる。逆に、この三つの機能系列の足並みが揃っていれば、各段階の節々でこのまま先へ進めるべきか、それとも中断すべきかの判断と決断がやりやすくなる。

3 次の段階への引き渡しを円滑にする

企業規模が大きくなると、製品開発の各機能は、「技術系列」「市場系列」「経営系列」に分業化され、さらに個々の機能ごとに、「調査研究」「製品開発」「事業化準備」のプロセスに分業化される。

図４　製品開発の段階

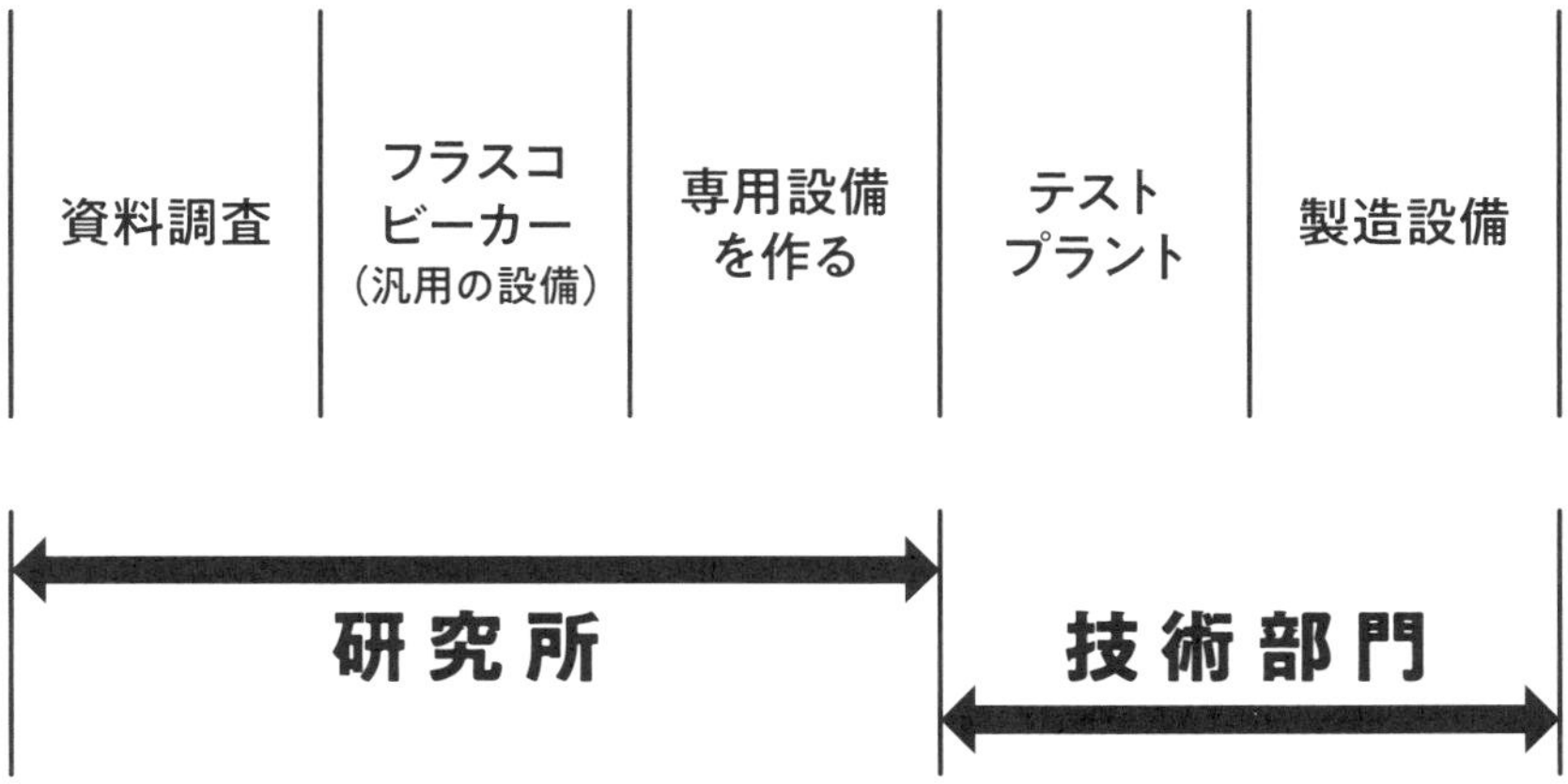

たとえば技術系列では、調査研究段階は研究所の研究者が担当する。製品開発段階では、試作が行われ、製造方式等も検討されるため、一部製造技術者が関与する。しかし、事業化準備段階になると、製造方式や生産設備を決定し、工場を建設して運転の一切の準備を整える仕事が中心となり、製造技術者が主役となる。これを化学工業の場合を例に説明すると、図４のようになる。

資料調査から始まり、汎用の研究機材と設備を使って研究する段階から、専用の機器で試作品をつくるところまでを研究所で行う。そしてテストプラントを建設する段階から技術部門に引き継がれる。この間をどううまく引き継ぐかが問題だ。

テストプラントの役割には、次の四つが挙

げられる。

・製品の研究実験を続ける
・市場開拓用の製品見本をつくる
・製造設備設計等の資料をつくる
・製造原価の見積り資料をつくる

このようにテストプラントは、研究所の仕事と技術部門の仕事とが混在する性質を持っている。そのため、引き継ぐ段階で人が変わると、これまで蓄積してきたものをうまく次へ引き継げない。またなんらかの壁にぶつかると、ここに至るまでの経緯がわからないため、またゼロからやり直しになり、大きな無駄を生じる。

引き渡しをうまくやるコツは、ある段階から次の段階の人を入れてダブらせることである。たとえば、フラスコ研究の終わる頃から製造技術者を入れる。そして引き渡しが進むにつれて、ダブりをもとの状態に戻していく。これは市場系列でも同様である。市場調査、市場開拓の段階から一部営業の人を参加させるのがこれにあたる。

このように、次の段階の人が前段階に参加すれば、自分が育てたという気持ちにもなり、引き継いだ後も、それだけ熱心に取り組める。したがって、引き継ぎを行う場合は資料をつくって引き渡すだけではダメで、人的、組織的に対応する必要がある。

また、新製品事業化に伴う増員計画も、担当業務への習熟期間とスムーズな引き継ぎを考えて、現実の活動の段階よりも前に早め早めに実現しておくことが大切である。

4
段階ごとにチェックポイントを設ける

成功の見込みのないものを早く断念するためにも、また成功の見込みのあるものを次の段階へスムーズに引き継ぐためにも、段階ごとに「チェックポイント」を設けておくとよい。それぞれの段階で、機能系列ごとに何をやったかをチェックし、その結果を総合して、ここでやめるべきか、次の段階へ進むべきかを判断する。先へ進めるときは、次のチェックポイントまでに何をやるべきかの計画を立てる。なおこの計画はプロジェクト・マネジャーが中心になって立案するが、決定はトップ自らが経営全体の立場から総合的に判断して行うべきである。

チェックポイントは、前述の「調査研究」「製品開発」「事業化準備」の各段階の間に設けるとよい。その間隔は、どんなに長くとも半年、できれば三ヵ月に一回程度にする必要がある。このように節目を設けておけば、そこで三つの機能系列の進み具合を総合的に見ざるを得なくなり、足並みも揃えやすくなる。

四　変革のマネジメントと長期計画

1　変革を成功に導く秘訣

これまで、新製品の事業化を中心に、経営の革新問題について述べてきた。新製品に限らず、一般に経営の構造や体質を変革しようとする場合、その成否はマネジメント力に大きく依存する。ひと口にマネジメントといっても、「革新のマネジメント」と「管理のマネジメント」とは、性質が違うため、必要な能力も異なる。そして、これからの経営幹部は、この二つの異なる能力を身につける必要がある。経営の規模が大きくなり、組織が機能別に分化するにつれて、部門別の管理はできても、各部門を横断する経営の構造改革や体質変革を指導できる人材が育ちにくくなることがある。しかし、今切実に求められているのは、機能・業種を超えた事業経営のプロフェッショナルであり、事業構造・組織風土のイノベータだ。

管理の良否によって、会社の運命がただちに左右されることは少ないが、変革を間違えれば命取りとなる。だからといって、変革を避けて通れば成長は望み得ない。ここに革新のマネジメントの大切さと難しさがある。

変革を成功に導く秘訣は、次の三つを誤りなく行うことである。

・どう変化するか
・いつ変化するか
・変化に必要な力をいかに蓄えるか

自然の生きものは巧まずして、このような変化をしている。企業経営でも、将来にわたっての存続・成長を望む限り、すべての面で「現在のための活動」と「将来の変革に備えるための活動」を同時に行う必要がある。また、変化に対応するには、日ごろの蓄積がなければ間尺に合わない。何事も大きな変革を成し遂げるには、五〜十年はかかるものだ。

たとえば、大阪の会社が東京市場に進出しようとする場合、一時的になにがしかの自社製品が東京で売れたとしても、それだけでは東京市場に進出したとはいえない。東京市場に進出するということは、東京市場において確固たる営業基盤を確立するということである。つまり、少なくともライバルとの競争に十分耐え得るだけのユーザーや流通チャネルが出来上がり、ある程度安定的な売り上げと利益が確保できるような状態になったとき、初めて東京市場に進出できたといえる。

このように経営基盤を変革したり、新しい基盤を構築したりするには、通常、予想以上の時間とエネルギーを要する。したがって、これを成功させるには長期的な取り組み姿勢で本腰を入れてかかる長期経営計画が必要だ。長期計画はまさに現在の生き方を決めるものとして捉えることが求められる。

2　長期計画は過去と未来を結ぶもの

変革のツールとしての長期計画は、図5のように三つの部分で構成する。

- ・過去からの蓄積である現状の正しい認識
- ・経営理念に導かれる経営目標（時と姿）
- ・その二つを結びつける過程

生きものである経営の長期計画は、まず現状を正しく見つめ直すところから出発すべきである。これまで培ってきた経営基盤はどんな強みと弱みを持っているのか、既存の経営基盤でどこまでやっていけるか、これらについての正しい認識なくしては、計画は絵に描

図5　長期計画の構造

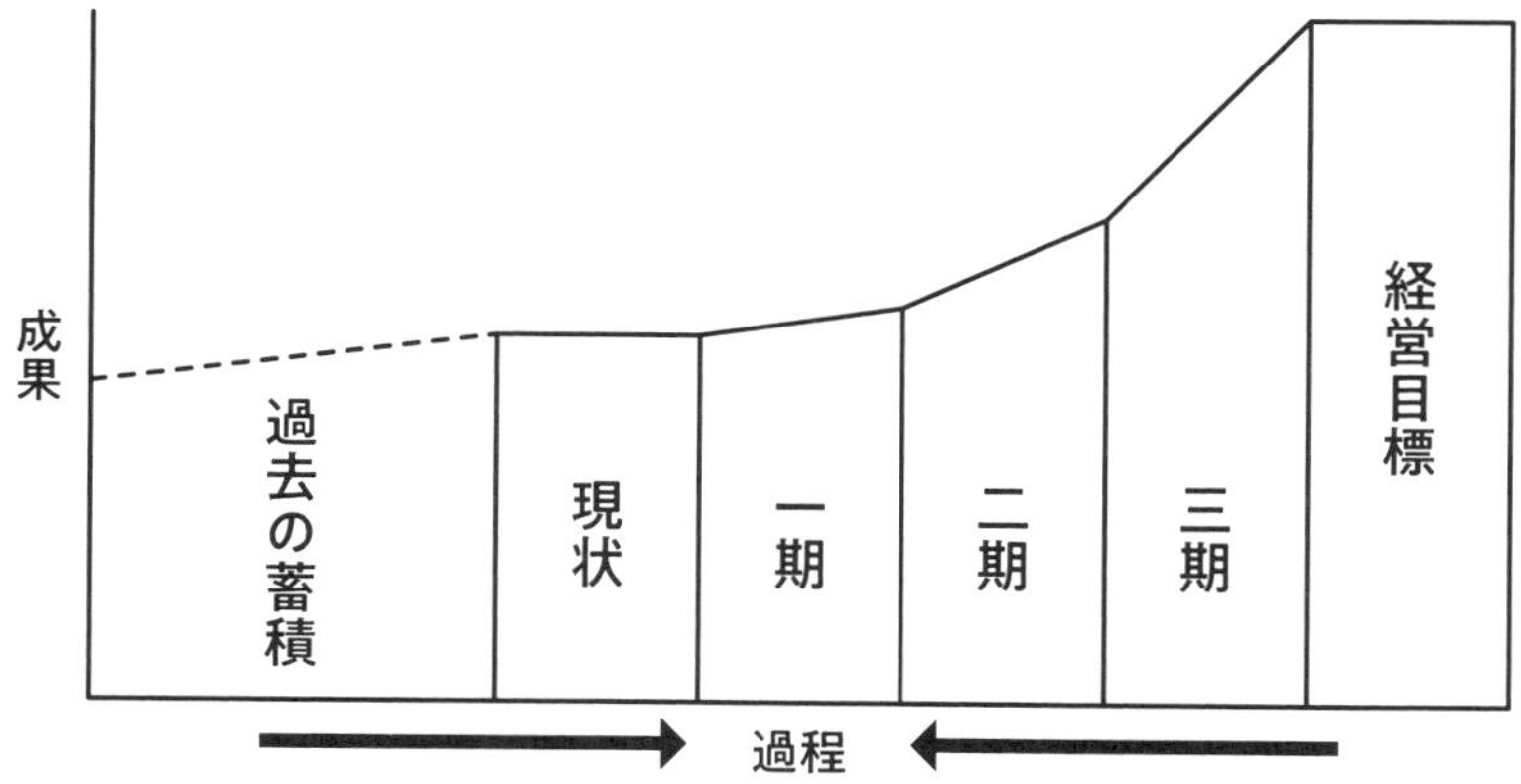

いた餅になる。同時に、経営理念に導かれる経営目標をできるだけ明確に描く必要がある。長期計画は、短期計画を時間的に延長したものではない。それは内外の環境変化に順応し適応するために、経営構造ないし経営体質をどのように変革するかを盛り込んだ計画である。

　したがって、経営理念や経営目標が極めて重要な意味を持つ。経営理念は、経営の将来像（ビジョン）とそれに向かっていく道程についての基本的な考え方である。そして経営目標は、そのビジョンをいつまでに実現したいという時間軸を加えたものである。

　これまで企業経営といえば、とかく経済的側面が強調され、事業的側面と組織的側面は経済的な成果を増やすための手段のように考えられてきた。しかし、我々個人が自分の人生という立場からそれぞれの仕事を見直したとき、仕事は単に報酬だけを目的とするものではない。人それぞれ天から授けられた天命のようなものがあり、それを感得し実現するのが仕事というものの本来の在り方であろう。

同様に、企業経営も単に経済的成果を追求するだけでなく、経営内外の人々から支持される何らかの社会的な貢献目的があり、この目的を目指して精進することが大切である。現状と目標を結ぶ際のポイントは、計画は単に目標の時間的展開ではないと捉えることだ。計画は、その目標を達成するために、次の内容を含んだものでなければならない。

・誰が
・どこで（部門と経営階層）
・いつからいつまでに
・何を
・どうやってなすべきか

将来のことはすべて不確実性が伴う。そして不確実さの程度は、項目と内容、また近い将来か遠い将来かによって必ずしも一様ではない。したがって、計画は確率を考慮したうえで立てることが大切になる。たとえば、項目と内容についていえば、一般に新規事業は既存事業に比べ、より不確実性が高い。したがって、現事業と新規事業は区分して計画し、その後で統合すべきである。また、時間的に見れば、近い将来より遠い将来の方が、より不確実性が増すため、一期、二期、三期の粗さと幅が大きくなっていくべきである。

ただし、予想や計画の前提条件は、常に明記しておく必要がある。前提条件を明記していない数字は、無意味であるばかりか無用の誤解を招く。また、環境が大きく変化し前提条件が変わったら、計画自体を見直す。見直すということは、長期計画の鏡を磨くことを意味する。鏡は常に磨き上げられていなければ、ものの役にはたたない。その意味で長期計画は現在の生き方を決める鏡であり、従業員組織化の根幹をなすものである。

第三章

マーケティングを経営の基軸に

一

市場あっての企業

1 経営は市場からの評価で計られる

経営を取り巻く外部環境のうち、もっとも大切なものは市場である。ここでの市場とは、「顧客」「流通」「競合」の三つで構成される。つまり、当社の製品を最終的に買ってくれる顧客、顧客と当社を繋ぐ流通、および競合（ライバルとの競争関係）の三つを含んだものが市場である。

生きものの命にあたる製品は、「顧客の認める価値基準で計ったその経営の生み出した価値」であり、大切なことは、顧客がどのような価値を認めてくれているかということである。売る側がいくら良い製品であると思っても、買う側がそれを認めてくれなければ、無価値である。また、その製品を分析する場合、①プロセス分析、②寿命分析、③組み合わせ分析の三つの視点から見るが、これらの分析もすべて市場サイドから見るところに意味がある。

さらに生きものの生命力にあたる「営業力」「技術力」「資金力」にしても、身体や体力にあたる「組織」や「組織力」も、すべて市場から見て、どう評価されるかがポイントになる。市場の評価に耐えうるもののみが存在を許されるのだ。

市場はたえず変化しており、自社をめぐる顧客、流通、ライバルは、相互に、複雑に絡み合い、相通じ、相争いながら刻々と変化する。そして、時には大きな構造的変化を起こす。その変化にうまく順応できない企業、つまり外部環境の変化を予見し、その変化を先取りして自己を積極的に変革できないものは脱落してしまう。これは生きものの宿命だ。

2 独創的な個性は全環境・全状況のなかから見いだすもの

企業はすべからく個性的でなければならない。個性的であるからこそ存在意義があり、個性的でないものは淘汰されやすい。そして、「個性」とは、その企業ならではで、他をもってしては替えがたい「独創的」なものを意味する。

人にはそれぞれ個性がある。周囲の共感をよぶ個性もあれば、反発を招く個性もある。広く大衆にアピールする個性もあれば、限られた範囲内で深い影響力を持つ個性もある。また、周囲にはほとんど目立たない控え目な個性もある。その意味では、すべての人が何らかの個性を持っている。しかし、私がここでいう個性とは、その人ならではの、その人にしかできないことで、「一番世間のためになること」を「他の誰でもないその人」がやることで周囲から強い共感をもって迎えられる存在をいう。

企業も同様である。個性豊かな独創的企業は、その企業ならではの、その企業にしかできないこと、その企業がやるのが一番世間のためになることをやり、世間から強い共感をもって受け入れられる。

個性というものは、外部および内部の全環境、さらに過去、現在、将来の全状況のなかから生まれる。それは過去から現在、現在から将来にかけて、顧客のニーズに応えるべく、他社よりも、我が社がやるのが一番よいことは何かをたえず追求し、堂々と努力する過程のなかで育まれるものだ。したがって、「個性的」であることと、単なる「独りよがり」とは似て非なるものであることを認識したい。真に個性的なものは、いずれは世間からその価値を認められ、受け入れられるに違いない。

今日、消費者のニーズも多様化し、多種少量生産時代になってきている。それだけに、それぞれの企業がそれぞれの個性を発揮できるチャンスも増えてきている。しかしその半面、顧客の心を惹きつけるだけの個性を持ち合わせていない企業は、やがて顧客から見離され、淘汰される。企業が将来にわたって生き続けるためには、それぞれの置かれた全環境、全状況のなかで、その変化動向をも展望しながら、たえず自らの個性を練磨し、自己変革の努力を継続していく「独創的な経営づくり」が必要だ。

3 マーケティングは変革の原動力

人々の価値観が変化し、かつ多様化するにつれ、社内外ともに既存の権威が崩壊している。社内においては上下の秩序関係が崩壊し、社外では業種・業態の枠を超えて激しい淘汰競争が行われている。このような時代に生き残るには、今までのやり方をそのまま続けていくことは許されない。同じやり方を続けている限り、いくら馬車馬のように働いても必ず脱落する。したがって、生き残るためには、経営基盤そのものを環境の変化に合わせて構造的に変えていかなければならない。

営業活動にしても製品、顧客、流通、競合の関係を現状維持し、セールス努力だけで拡販をしようとしても限界がある。伝統的な営業活動は、注文を取り、品物を配達し、集金をすることであった。しかし、これからの営業は、それだけでは足りない。セールスをしながら、一方で、市場の実態や動向を把握し、市場自体が構造的にどう変化しつつあるのか、製品、顧客、流通、競合の関係は今のままで良いのか、どこに問題があるのかといった情報を集め、それを営業基盤ないしは事業基盤の変革に結びつけていくことが求められる。売りながら調べ、調べながら売ることが重要だ。

既存の基盤の上で拡販を図るときにも必要なことだが、特に営業基盤、事業基盤を構造的に変革していくためには、市場の実態や動向をはっきりつかむことが先決である。常に市場から発想し、市場を基軸に経営の諸機能、諸活動を統合することがマーケティングの本質だ。

二　市場調査の本質とは

1　何のための市場調査か

どこの会社でも市場調査は熱心にやっている。しかし、経営の意思決定に結びついていないことが多い。それは、「調査のための調査」になっているからである。

市場調査とは、市場の実態や動向を調査して、それが自分の会社にどのようなインパクトを与えるのか、そのことにより自分の会社にどのような問題が起きるのか、これに対して、いかなる手を打つべきかを考えるために行うものである。必要なのは、その会社のための、その会社を中心とした分析であり、一般的な調査では意味がない。したがって、市場調査に先だって、まずその会社の持っている力（生命力と組織力）を分析する必要がある。そのうえで、その力に合った対策を考えるための調査、ないしはその力を補完するための調査を行うのである。

図６　事業特性と調査目的

事業＼目的	生産財	消費財
戦略		
戦術		
戦闘		

大切なことは、その会社の固有の力と、その会社の製品市場を結びつけて考えることだ。市場のニーズや動向がわかっただけでは、対策は立たない。その会社の技術力、営業力、資金力等と結びつけて考えることにより、初めて対策が立つといえるだろう。

市場調査を、調査のための調査で終わらせないためには、図６に示すように、企業の事業特性や調査目的に応じて調査のやり方を変えなければならない。事業または製品は、大別すると生産財と消費財に分けられるが、それぞれは次のような特性を持っている。

①生産財の市場特性

生産財は原材料、エネルギー、設備機器、サービスなどで、顧客自身が何らかの事業を営んでいる。したがって顧客との経済的、技術的な繋がりが重要で、そのために顧客との共同研究などが大きな意味を持つ。価値基準としても、品質の良さ、納期の早さ、原価の安さもさることながら、それらが安定的に供給されることが特に重視される。

生産財の顧客もまた企業であるため、相手業界との繋がりが問題となる。たとえば、電線は電力会社などで使われる。したがって、電力会社の市場も電線メーカーの市場となるのだ。この場合、電線メーカーにとって電力会社は顧客であり、かつ流通の役割をもって、顧客の顧客が我が社の顧客となる。

一つの生産財でも、様々な業界で使われることが多い。たとえば電線は、電力業界だけでなく、通信、自動車、造船、建築などでも使われる。このような場合、それぞれの業界がどのような製品をつくり、どのような顧客と流通を持ち、その取引の特徴はどうなっているかということまで調べ、当社製品との関係を考えなければならない。また生産財は、顧客の購買決定プロセスと、これに関与する部門の把握が重要である。何を、いつ、どれだけ、どこから、どのような条件で買うかは、購買部門が決めているように見えるが、必ずしもそうではない。仕様を決めているのは技術部であり、購入要求を出しているのは製造部などで、購買部門は窓口の役割を果たしているにすぎない場合が多い。

このように、生産財の市場は一般に複雑な構造になっている。したがって、その実態をつかむにはトップ以下、営業、研究、技術、製造、財務等関係各部門の連携が必要である。

②消費財の市場特性

消費財には、一般消費財、耐久消費財、サービスなどがあって、顧客は一般消費者である。顧客が不特定多数であるため、流通機構（取引および物流）の組織化が特に重要な意味を持つ。

また市場在庫が大きな問題となる。市場在庫は、消費者在庫と流通在庫に大別され、消費者在庫とは消費者自身が保有している物をいう。食品などではあまり問題にならないが、車などの耐久消費財になると、その保有台数と買い替え期間が重要である。これに対して流通在庫は、商社、卸店、小売店など流通過程にある在庫を指す。新製品発売時には、流通在庫として一時的に大量に出荷されることがあるが、消費者に流れなくては真の売り上げとはいえない。資金繰りなどの都合で流通が在庫を絞り始めると、売り上げが減少するばかりか、返品のリスクを背負い込む危険性もあるので注意を要する。こうした生産財と消費財の製品特性の違いを意識しておかないと、せっかくの市場調査も無駄になってしまう。

調査目的については、戦略的か、戦術的か、戦闘的かで調査のやり方が大きく異なる。戦略的とは、たとえば営業基盤を変えるといった長期構造的なもの、戦術的とは当面の競争に勝つためのもの、戦闘的とはセールスマンにノルマを課したり、士気を鼓舞したりするための局地的な調査である。市場調査を行う場合には、これらの目的を常に意識しておかないと、調査のための調査になってしまう危険性があるので注意が必要だ。

2 本調査に先だっての予備調査

調査のための調査にならないようにするには、本調査に先だっての予備調査が必要である。予備調査には、何のために、どのようなテーマの調査が必要かを探るために行うものと、そのテーマの位置づけをはっきりさせるために行うものとがある。市場調査のための予備調査は、次の三つの内容で構成される。

・経営の問題と市場調査の必要性
・市場の構造と問題の概要
・本調査の目的と調査の進め方

結論を急ぐあまり、こうした予備調査を省略して本調査をしても、かえって調査目的を見失い、無駄な調査になってしまうので注意を要する。

3　正しい市場調査の心得

調査では、「実事求是」の態度で臨むことがなによりも大切である。実事求是とは、「ありのままの事実に基づいて本質的なものをつかむ」という意味である。「正しい決心は正しい判断から生まれ、正しい判断は周到な調査から生まれる」といわれるが、実事求是は、正しい判断と正しい決心の出発点である。

もっとも、ありのままの事実を見ることは言うは易く行うは難しである。それは、我々はあらかじめ自分の考えを持っていて、その既成観念の色眼鏡を通して物事を見てしまうからである。

その色眼鏡というのは次のようなものであり、調査のときにはこれらの色眼鏡を外して、虚心坦懐に見なければならない。

①「べき」の眼鏡

今までの自分の経験や先人の経験を体系化した理論に照らし、こうあるべきだと思い込んでいると、それに都合のよいデータだけをとってしまう。これを「べき」の眼鏡という。経験は決心するときには大切な働きをするが、データを採るときには捨てておかなければならない。

②「たい」の眼鏡

こうありたいという願望の眼鏡である。「べき」の眼鏡はどちらかといえば理の眼鏡であるが、「たい」の眼鏡は情の眼鏡である。これには楽観と悲観があり、こうありたいと熱望すると、それに都合よくデータを読んでしまうという楽観と、逆に初めから駄目だと思い込んでいるとそれを裏付けるデータしか採れなくなるという悲観である。

③因果の眼鏡

初めから「こうだからこう」と、短絡的に因果関係で決めてかかるのは禁物である。現実は、想像以上に複雑な関係になっていることが多い。それは原因のすべてではなく、原因の一つにしかすぎないということをよく認識し、因果、相関、矛盾の織りなす関係を、ありのままに見抜いていくことが大切だ。

また、市場は理よりも情の世界である。したがって、相手にどう思われているかが大切になる。たとえば、本当は良い品物でも、買う側がそう思わなければ買ってくれない。また、一度でもミスをして信用を落とすと、回復するのに時間がかかる。客観的事実としては良くなっていても、相手が依然として悪いと思っていれば、これも事実として認めなければならない。これを主観的事実という。市場の生きた実態をつかもうとする場合、主観的事実は客観的事実に劣らず、重要な事実であり、客観的事実と主観的事実を明確に区分して、誰が見てもわかるように表現しておくことが大切である。

4 定量情報と定性情報の統合

「定量情報」というのは数字で表される情報であり、「定性情報」というのは文字や言葉で表される情報である。定性情報は定量化することにより、その程度がより明確化される。

たとえば、クレームが発生しているといっても、どの程度発生しているのか、またその傾向がどうなっているのか、ある程度定量的につかまないと、その重大さの程度が判断しにくい。

逆に、定量情報は定性化することで、その意味がはっきりしてくる。ただ数字が羅列されているだけでは、それが何を意味するのかがはっきりしない。数字は解釈して初めて意味を持つ。解釈することは、とりもなおさず定量情報を定性化することに他ならない。

調査の方法には、通常、「資料調査」「インタビュー調査」「現場観察」があり、それぞれに定量情報と定性情報が含まれている。しかし、資料調査はどちらかというと、統計データなどの定量情報を扱うことが多く、定性情報が不足しがちである。このような場合、インタビューや現場観察で、定性的な情報を補う必要がある。定性的な情報は、どちらかといえば、主観的なものが多いが、主観的なデータであればあるほど、5W1H（いつ、どこで、誰が、何を、なぜ、どのようにして）を明確にしておく必要がある。

5　全体と個の関係を見抜く

市場全体の動向と当社の関係がどうなっているか、「質」と「量」で分析することが大切である。自社のデータは、市場全体から見たときにいかなる意味を持つかを検討し、市場全体のデータは自社にとっていかなる意味を持つかを考えることが重要である。また、経営力に関しては、特に競合他社と比較して分析しなければならない。力というものは相対的なものだからである。

個々のデータは、常に相手の立場で検討しないといけない。こちらがこういう手を打てば、顧客や流通はどのように反応し、競合会社はどう動くかということも常に考えておく必要がある。また、個々のデータは、常に時の流れのなか（過去、現在、未来）に位置づけて見直されなければならない。つまり、現状のデータは、過去との繋がりと将来への影響を分析することにより、よりその意味が明確になる。

第四章

身体としての組織の実態

一

経営と組織の関係

1 組織は経営の「身体」

経営は人間のつくった「生きもの」であり、その命は「製品」である。技術力、営業力、資金力がその生命力であると考えると、組織はまさにその「身体」であり、組織力はその身体が発揮する体力だといえる。

人間の形は変わらないのに、経営の形である組織が多様に変化するのはなぜか。これは変化する期間の長さで説明できる。生物も生まれてから現在まで、環境に適応しながら徐々に形を変えてきている。短期的スケールでは、人間としての形はまったく変化していないようでも、人類の祖先である魚の時代までスケールを広げると大きく変化していることがわかる。

生物の身体の形が変わるには長い期間が必要だが、経営の身体である組織はすぐ変わる。実はその変えられるところに、経営という「生きもの」が永遠に生き続ける可能性の秘密がある。人間の身体は、頭・手足・胴・内臓等に分けられるが、それらをさらに分けていくと、最後には細胞となる。細胞は、その一つひとつが生きものだが、その結集力は非常に強い。また、人間はこの結集力があまりにも強いために、個々の器官の抜き差しが非常に困難であり、一つの器官がだめになると全体も死んでしまう。そこで非常に長い時間をかけて徐々にしか環境に順応する身体をつくることができないという特性を持つ。

これに対して経営体は、人間の集まりであるものの、その結集力は非常に弱い。経営の組織は抜き差し自由であり、古い考えを持つ人を新しい考えを持つ人に代えることも可能だ。また、新製品を売り出す事態になれば、新しい血を入れて対応することもでき、全体としては死なないで済む可能性を持っている。

この結集力の弱さが、経営という「生きもの」の大きな特徴である。

2 課題認識が組織改善に繋がる

日本の会社では、組織についての関心が強い。そのためか「うちの組織はどうでしょうか。どこか悪い点があったら指摘してください」と、組織図を広げて質問されることがよくある。また、「うちも事業部制にしなければ時代遅れになるのでは」「事業部制ではもう古い、中央集権制はダメだ、分権型でなくては」など、組織の問題といいながら、形ばかりを気にする傾向がある。これでは組織を考えることはできない。一番大切なことが忘れられて、枝葉末節のテクニックに目を奪われているとしか思えない。

組織設計で一番大切なことは、その経営が当面している問題解決に、組織がマッチしているかどうかということだ。経営全般の課題認識が先行しなければならない。「組織は経営の道具（Management-tools）の一つである」とよく説明されるが、人間の身体を人間の道具とは誰もいわない。しかし経営組織の場合は、前述のように必要に応じて抜き差しできるという意味で道具と捉えられる。

たとえば、いろいろな設備機械や治工具は、生産のための道具である。その道具がどんなに高価で、立派なものであっても今つくり上げようとする製品にもっともマッチしたものでなければ意味がない。また、その道具を正しく使えなければ、それが高価で立派であればあるほどナンセンスである。

ところが日本の企業では往々にして、そういうナンセンスなことが平然と行われている。技術的に優れているといわれる会社にいくと、組織のなかに設備マニアのような人がいて「ウチには日本一の設備機械が揃っている」と自慢する。それらの設備機械が生産に寄与しているどころか、かえって邪魔になっている場合でもだ。

同じことが組織についてもいえる。設備機械マニアが一生懸命に設備機械について研究し、一流のものを入れたがるように、組織のことを研究すればするほど今の優秀企業の組織形態をそのまま採り入れようとする。自らの経営実態とは無関係に組織の形だけを模倣するのは、ナンセンスの極みである。組織を検討するには、経営全般の課題認識が先行しなければならない。

3 組織を動かす三つの要因

経営が生きものとして動いている以上、身体としての組織も当然生きて動いている姿を捉えなければならない。組織を良くするというのは、組織図や分掌規程を改めるということではない。社長・役員をはじめ、従業員全員が組織のなかで働いており、その働いている現実の姿を組織と考え、その働き方を改めることだ。

組織は、次の三つの要因で動いている。一つめは、「仕事を中心とした組織」。「組織が達成しなければならない仕事」と「その仕事に携わる人の仕事に対する能力（Competence）」との関係で機能する。

二つめは、組織図や分掌規程・権限規程などの「組織の取り決め」によって動いている「公式組織（Formal Organization）」で、公式組織が変われば組織の実体は確かに変化する。

三つめは、公式組織とは別に組織に配置された人の影響、人と人との関係の影響によって動く「非公式組織（Informal Organization）」の存在である。

組織を検討するには、相互に絡み合いながら組織の実体に影響する三つの要素を把握しなければならない。そして、このとき忘れてはいけないのが、組織の細胞は人間そのものだということである。人間という摩訶不思議な生きものが惹起する様々な影響を研究しなければ、組織の実体はわからない。

二　公式組織は組織の一側面にすぎない

1　公式組織と組織の実体

公式組織とは、分掌規定・権限規定などの「組織の取り決め」によって規定され、管理されながら動いている組織の一側面である。会社の従業員は、これら「組織の取り決め」にのっとり、それに従って動いている。公式組織が変われば動き方、すなわち組織の実体は変わる。したがって、組織研究にとって大切な一側面であることはもちろんだ。

ところが、「きまり」は本来保守的・固定的なものだ。経営という生きものがある時点で決められた「きまり」に、いつまでもジッとしていられるかという問題が出てくる。「きまり」は、極論すれば制定された時点で、すでに現実と合わなくなっている。一方で、なんの「きまり」もなければ、集団は秩序を失い、組織として統一的行動ができなくなる。このような固定と流動とのギャップを埋めるのが「運用」であり、その良否は運用する人によって決まる。その運用こそが管理職の大切な仕事であり、責任だ。

公式組織の側面から組織の実体を把握するためには、制定されている「きまり」と、経営ニーズとの乖離、そして「きまり」が運用されている状態を捉えなければならない。

2　道具に振り回される幹部

我々コンサルタントは、経営実体を把握するために必ず幹部と個別面接をして、その業務執行の状況や組織運営上の役割や意見を聞く。そのとき、課長クラスの人々から次のような意見を聞くことが多い。

「うちの会社では仕事の責任は追及するが、必要な権限は認められない」「やらなければならないことはわかっているが、自分には権限がない」などといった内容である。具体的に聞いていくと、交際費支出の限度が低すぎて自由に使えないなど、だいたいは「決定権」を持たされていないから仕事ができないということのようだ。このような訴えをする中堅幹部が多いときには、我々はその会社の組織が相当沈滞していると判断する。それは、経営のニーズを忘れて、規則という道具に幹部が振り回されていることに気がついていないからだ。

組織というものは、本来経営管理の道具という面を持っている。その道具である「きまり」を守ることが主目的になって、経営としてやるべきことが忘れられているようでは、経営が活発に動くはずがない。役所がその典型的な例である。

会社が順調に発展し、業容も大きく安定してくると必ずこのような現象が起こってくるが、それは沈滞化の兆しである。また、過去の一時期、栄光に輝いていたが、現在沈滞して回復の活力を失いかけている会社でもこのような現象がよく起こる。

「職責権限規程」が制定されているとしても、はたして実体はその規程どおりに動いているだろうか。社長が「こうやる」と言ったとしても、誰もやらなかったら、社長に権限があってもないのと同じだ。権限というものは決めただけではなく、決めたとおりに部下がやらなければ、実施された範囲でしか発揮できない。

なぜ決定したとおり、命令したとおりに実施されないのか。命令どおりに実施するためには、条件があるが、その多くは部下が決めているというのが実態なのだ。したがって、権限規程や職責規程が整備されているだけでなく、上司の思うように部下が動いているか否かの見極めが重要になる。

3　命令が実施される四つの条件

命令がそのとおりに実施されるためには、次のような条件が必要になる。

①その命令を部下が正しく理解すること

上司が○と言ったのに、部下は□と理解していることは非常に多い。言葉そのものが極めてあやふやなものであるから、それから生まれる誤解もある。部下の能力不足もあるだろう。しかし、結局は上司が自分の考えを正しく伝えられなかったということになる。

部下に正しく理解させるためには、まず部下をよく知って、その能力に合わせて伝達しなければならない。次に決定した結果だけを伝えるのではなく、なぜそうしなければならないか、どうやってやるかというプロセスまで伝える。それによって部下はやらなくてはならないことと、その意味を明確に理解できる。

たとえば、役員会ですでに決定していたことがあったとする。その後の決定を周知するための会議では、初めに決定内容は伝えず、集まった人々にその議案を出して討議させ、そのうえで最後に役員会ではこのように決定したという旨を伝える。それに至った経緯を伝えれば、決定の意味を正しく理解させることができるはずだ。

②自分の利益と一致すると思えること

部下は、自分の利益に反すると思うと動かない。日本の会社では仕事が失敗すると、「やれ」と指示したものは叱られないで、やった者が叱られ責任を取らされることが多い。だから部下は失敗するかもしれないと思ったら、いろいろな理由をつけてやろうとしない。しかし、部下の個人的利益と不一致のことであっても、会社としてはやらなければならない仕事はたくさんあり、またぜひやってもらわなければならないこともある。

この場合、大切なのは「部下がどう思うか」であって、客観的に部下個人の利益と一致しなければならないわけではない。したがって、一時的には部下個人の利益に反するようなことでも、長い目で見たときには、その仕事をやることがプラスになると理解させ、また実際にそうもっていくことが大切である。

③会社の利益と一致すると思えること

上司が命令しても、それが会社の利益に反すると部下が思ったら、部下はやらないだろう。個人の利益も考えるが、同時に会社の利益も考えて行動する。一般的に会社の利害については、地位が高くなるほど客観的に、正しく判断できる立場におかれる。したがって、部下では判断できない場合もある。そこで、部下と上司の間は、部下が疑問に感じたときにすぐ説明できるような関係にしておかないと、部下を十分納得させることはできず、部下を使いきることはできない。

④実施できると思えること

上司が命令しても、部下が「できない」と思うと行動には移せない。部下が本当に「できる」と納得していないときには、よく話を聞き、できるような条件を整備してやらねばならない。

以上四つの条件が満たされない場合は、部下はおそらく上司が「命令した」と思っていても、決してそのとおりには実施しないだろう。結局、権限や決定権といっても、その実体はすべて部下が決めていることになる。したがって、上司はこの四つの条件を満たすように自ら動き、部下が行動に移すことができる環境づくりをしていくことが求められる。

4　「分業」と「協業」の取り決め

「分業」が生産性を飛躍的に向上させることについては、アダム・スミスがすでに十八世紀に指摘していることである。その後、現在に至るまでの著しい経済発展は、「分業」がもたらした成果だといえるだろう。企業経営における「分業」は、縦と横の分業で構成される。

縦の分業とは、社長・役員・部長・課長・一般社員というような階層分業であり、この階層分業を規定しているのが「職制規程」や「権限規程」である。

横の分業とは、営業・生産・購買・人事・経理・総務など機能分業といえるもので、それは「分掌規程」として制定されている。

もっとも仕事というものは、相互に繋がっており、安易に分けられるものではない。分けるだけでなく、結びつける仕事も重要になる。それが「協業」であり、「協業」に責任を持っているのが管理職である。

公式組織では、協業の責任をはじめとした管理職の役割・責任を包括的かつ明確に規定して正しい運用をはかるための「職位規程」をつくっている。

この職位規程の原型は「マネジメント・ガイド」で、アメリカで長年研究されたものが日本にもたらされたものだ。

昭和三十年代には日本の企業でも盛んに「マネジメント・ガイド」づくりが行われたが、単に規程として作成されただけで、多くは書棚の隅に押しやられたままになっている。

そのために、今もって日本の企業組織は縦と横の分業に凝り固まり、コミュニケーションが阻害されている。そのことが、管理職が管理職としての責任を十分果たせない状況を生んでおり、実に残念なことである。公式組織は、それなりに「人」を組織化して、一つの方向に向かわせるための道具として制定されているが、動いている組織の実体はいろいろ食い違っているため、それを捉えなければならない。その遂行の方法は「人」によっても異なり、むしろ後述する非公式組織に属する問題が多い。

5 公式組織の弊害

公式組織は各職位・職制の「分業」と「協業」との取り決めによって規定され、それによって集団の秩序維持を図ってきた。官僚組織や軍隊組織が公式組織の維持強化を前面に押し出して、個人の人間性を軽視することで、極めて強力な組織をつくり上げたことは、すでに十分論じられている。軍隊が組織強化を推し進めたことでファッショに繋がり、官庁が最終的に腐敗と沈滞を生む傾向にあることは、他山の石として注目する必要があるだろう。

公式組織では、どうしても次のような弊害が内蔵される。

- 組織内の上下関係の意識が強くなり、下位者の自由意思の発揮が制限されるため、正確な情報が伝わりにくくなる

・人の活動の自由度と、その能力の発揮・発展が阻害される
・非定常業務が発生したときに対応が難しくなる

日本では、徳川幕府二六〇年の間に、ほぼ完璧な官僚統制が行われた。儒教の普及浸透と相まって培養された封建的思想が、いまだに染み付いており、本当の意味での自我が確立されていない。特に縦の関係に対する従属心理が極めて強いため、企業組織でも公式組織、特に縦関係が強烈に意識されてしまう。その結果、企業内の部門間協調が下手で、本来協力しなければならない営業・技術・生産部門等が、部門ごとに団結していがみあったりすることが多い。また、事業部制をとった場合、事業部エゴを発揮して人事交流を妨げたり、投資を悪平等にしたり、結局のところ総合的にマイナス効果となる例は枚挙にいとまがない。

半面、定まった方針に従って行動する集中力は極めて強力である。ほかのことは無視して遮二無二目標を達成しようとするが、混沌として方針が定まらないときには、想像力を発揮して問題を解決する力は極めて弱い。

昭和二十年の敗戦以後、ウロウロしているだけであった産業界が、朝鮮戦争の発生によっ

て米国から方向づけされるやいなや、みるみるうちに高度成長路線をひた走って、現在の強力な経済力をつくり上げた集中力は極めて強かった。しかしその歪みによって、自然破壊、人心の破壊などが生まれたのもまた事実である。

二十一世紀に入って、文明は大きく変容しようとしている。前途が見えない状況に入っている現在、日本のもっとも不得意とする創造性の発揮がどうなるのかが、今後の組織上の重大問題だ。

三　侮れない非公式組織

1　人間集団には避けられない非公式組織

非公式組織というのは、集団の人と人との間に、過去から現在までのトータルな社会生活の接触によって自然に生まれた人間関係である。たとえば、卒業した学校が同じである、郷里が一緒である、住宅が同地域であるなど、さらに趣味や嗜好の一致までに、何が縁となって結ばれるかはわからないが、地位や職務に関係のない人と人との繋がりが出来上ががる。もちろん職場においても、先輩、後輩の関係で仕事を教え、叱り叱られて出来上がった人間関係もある。また、プロジェクトの仕事をともにして醸成された連帯感などは、公式組織とは別の、目に見えない秩序を形成している。このようにして出来上がった非公式組織は、公式組織における関係性に大きな影響を与える。

たとえば、一つの会社の本社経理部長とA工場の経理課長が同じ大学の出身で、しかも部長が課長時代に長年一緒に仕事をして、育ててきた関係があるとする。B工場の経理課長と本社経理部長の間にはそういう関係がないとすれば、公式的な権限・職責の規程にかかわらず、A工場の経理課長とB工場の経理課長とでは、部長との間で流れる仕事の実体はまったく変わったものになるだろう。

非公式組織は、人間の集団である以上必ず存在する。それが組織にとってマイナス面に働くこともあるが、うまく活用できれば大きなプラス効果をもたらす。時には、公式組織にできる縦と横の断層を埋めて組織実体に活力を与えることも期待できる。

会社合併に際して、一番困難かつ大切なことは公式組織の問題ではなく、まったく別個の会社で長年培われてきた非公式な人間関係が一つに溶けこめるかどうかという点にある。この融和に失敗して合併がつまずいた例はいくらでもある。それほど非公式な人間関係の結びつきは強いのだ。

経営をよくするためには、生きものである人間の集団、すなわち組織の実体をよく理解しなければならない。

2　情報の伝達ルートと非公式組織の役割

「組織とは情報伝達の仕組み（System of Communication）である」という組織論がある。これが組織の全体像を言いつくしているとは思わないが、組織の実態が情報によって決まる側面があることは確かだ。またこの理論では、部長や課長の地位や権限の実体は、そこにどれだけの情報が集まるかで決まるとしている。

役職者というポジションは、そのポジションに与えられた権限や、責任を果たすために必要な情報が集まるコミュニケーション・センター（Center of Communication）である。会社へ行くとよく社長が「どうも、うちの部長は弱くて困る」とこぼすことがあるが、その原因の半分は、部長に必要な情報を与えていないことにある。反対に、有能に見える社員のもとには、多くの情報が集まっていることに気づかされる。

一方、社長室や企画室を設置し、ここで会社全体の施策を立案しようにも、当該部署にトップの将来構想や業界動向など、内外の情報が恒常的に集まってこなければ実行不可能になる。情報が集まる筋を組織と一緒につくっておかないと組織は動かないものなのだ。

ちなみに、情報の入手経路には公式組織を通ずる場合と、非公式組織を通ずる場合がある。前者を公式情報、後者を非公式情報という。公式情報は二つある。

- 公式制度情報や予算制度、原価計算制度など制度を通じて入ってくる情報
- 制度がなくても、公式組織の上下関係・人間関係で入ってくる情報

この二つはそれぞれ大切な役目を果たしている。ところが、会社経営の本当の問題点を知らせる情報や会社の将来を変えるような外部情報など、会社にとって極めて重要な情報は、ほとんど非公式情報であることが多い。上位の幹部になるほど外部情報や非公式情報が多く集まり、公式組織による情報によってのみ判断を下す例は意外と少ない。

ＩＴ技術の進化によって、情報の正確、迅速、かつ大量の処理が可能になったが、組織

の実体はなお、非公式情報に多く左右されていることに変わりはない。組織の実体を把握するうえでも、非公式組織の存在は重要だと認識しておきたい。

第五章

活き活きとした健康組織を創るには

一

真の「組織化」とは何か

1　組織化によるシナジー効果

「組織」とは、辞書『新言海』では「個々のものが集合して、一律の関係を保持しつつ、ある有機的な働きを有する統一体を構成すること」と記されている。そして「有機」という言葉は「生活機能を有し、生活力を持っている」ことを意味する。これは、英語のOrganization（組織）がOrgan（有機体）からきていることと同じである。企業または集団が「組織」という言葉を使うとき、そこには「有機体」の意味を重ね合わせていることが多い。一般的にメンバー一人ひとりが分担した仕事を系統立てて、結集することで仕事は完成するが、その分担と結集の仕組みがあたかも生命を持つ有機体のようになれば理想的である。また「組織化」は、組織が有機的に動いている状態でもあり、すなわち「メンバー個々の発揮する力が結集されて、一人ひとりの力を総和以上にする行為」を表す。メンバーの組織化がうまくいけばいくほど、チーム全体で上がる成果は大きくなり、個々の力では達成できないような大きな仕事、創造的な仕事も可能になる。

私はこのような組織を「健康組織」とよんでいる。

健康組織は、別の言葉でいえば「シナジー効果」を示している。交響楽団の演奏で、それぞれの楽器奏者が奏でる様々な音が、指揮者のタクトによって一つに統合され、まったく別の音楽が創造される状態を例に挙げて説明されることが多い。企業経営は、生命である「製品」を創造するという「仕事」を通して、その存在意義を社会にアピールし、企業体の維持発展を図っていく。その際、仕事遂行にあたる一人ひとりの従業員が、真に組織化されているか否かによって、生命力に格段の差が生じてくることになるだろう。

「製品」の寿命が長く、その量的拡大だけで市場制覇ができるような時代、ちょうど日本の高度経済成長期のような時代には、真の組織化の重要性はあまり省みられなかった。

企業は雇用の場を提供し、安定した生活を保障するに足る給与を支払うだけで、忠誠心のある良質な労働力を十分確保できたのである。従業員は、命じられた仕事を、忠実に繰り返していれば良かった。余計なことを考えたり、行動したりする者は異分子として敬遠され、そのことで組織は安定的拡大を続けることができた。ところが、健康そうに見えた組織もいずれ沈滞化が始まる。経営者がそれに気づくのは、企業の生命である「製品」が市場変化に対応できず、陳腐化していく姿を知りはじめた頃だろう。そのため、慌てて「組織活性化」を叫んでも、組織はすでに新しいものを生み出す力を失っている。一時的な「気合いかけ」にしかならず、真の「組織化」に向かう前に衰退してしまう企業が多いように思う。

2 健康組織の条件とは

組織化が望ましい形で行われている企業を見いだすことは極めて困難だ。大企業の組織は官僚化しているところが多く、中小企業はまだ組織以前ともいうべき創業者のワンマン経営が横行している。ただ稀に、優れたリーダーに恵まれたプロジェクト・チームや小集団活動のなかで、健康組織の雛型を見ることがある。次に組織化の条件を見いだしてみたい。

①メンバーが自分の目標と同時に組織の目標を共有すること

チームのメンバーが、チームの達成すべき目標を共有できなければ、チームのメンバーとして参加する意味はないし、チームは成り立たない。しかし、チームが目標を共有しても、自分自身の目標もはっきり持っていなければ力にならない。他人の指示を待ち、言われたとおりに動くメンバーで構成されるチームはダメで、自覚的な個の集団でなければならない。そういう意味では、組織目標を共有するまでに喧喧諤諤《けんけんがくがく》の議論をするくらいの方が、すんなりと共通目標を受け入れるチームよりも頼もしいチームになることが多い。

②組織目標の達成と個人目標の達成を一致させること

チームに参加して組織目標を共有した以上は、組織目標達成と個人目標達成を一致させるように、メンバー各自が自主的・積極的にならなければならない。

③組織の目標を達成するために、全員残らず時を合わせてその全力を発揮すること

チームのメンバーが一人残らず、同じ時に全力で仕事に立ち向かっていることを皆が実感することが大事である。呼吸が合わずにバラバラな状態では力にはならない。共汗・共苦ほどチームの結集力を高めるものはない。もちろん、皆が同じことをやるということではない。分担した仕事はそれぞれ異なっていても、組織目標の達成に向けて皆がタイミングよく全力を合わせて発揮し合っていることを体感することがチームワークをよくする。

④組織目標達成に向けて、個々人が相互に強い信頼と愛情をもって結ばれること

メンバー間に不信感があっては真の組織化はできない。相手を理解する愛情と、相互の信頼感に立脚したコミュニケーションこそが真のコミュニケーションであり、必要な情報は即座に正しく伝達されてこそ情報が共有される。

ここで挙げた四つの条件が満たされて初めて、そのチームは健康組織になった状態にあるといえる。チームの発揮する能力が一人ひとりの能力の総和を超え、遥かに大きな能力発揮が行われるようになるだろう。ちなみに、チームの成果は、メンバー一人ひとりが異質であるほど高い成果、まったく新しい創造が可能となる。異質のメンバーが持つ情報、

感得する情報は異質のものであるがゆえに、その組み合わせは極めて多彩なものとなり、優れた創造的な成果と結びつくはずだ。

以上、「健康組織」について考察してみると、「仕事中心の組織」がこれに近いことに気づく。仕事中心の組織とは、各人が組織目標を達成するためにその責任目標を担い、相互に関係し合うことで目標達成に対して努力を分かち合う、仲間意識の組織化に他ならないのである。

3　健康組織を阻害するもの

企業経営にとって、全従業員が健康組織化された状態こそもっとも望ましい。しかし、我々コンサルタントが会社に伺うと、社長の前向きな姿勢とは裏腹にまったく逆の状態に出会うことがある。この点について、少し考察してみたい。

先に、経営には、営業・生産・購買・人事・経理などの横の機能と、社長・役員・部長・課長・係長・一般社員などの縦の機能があると述べた。このうち、縦の断層とは、「社長から役員・部長・課長・係長という階層のどこかに切れ目がある」ことを意味する。上の階層の人が、下の人が何に苦しみ、何に悩んでいるか理解できない。あるいは、下の階層の人が上の人の苦しみや悩みを理解できないということだ。会社をよくしようという気持ちは各々が持っているのに、その繋がりが切れていることが縦の断層である。

これに対して横の断層というのは、部門別断層のことだ。どこの会社でも営業と製造の間には断層がある。営業の人は製造の人が何に苦しみ、何に悩んでいるかがわからない。製造の方も同様だ。原因はいろいろあるが、この断層が健康組織化を大きく阻んでいる。

経営はそれぞれに分業している。職制組織はすべて部分だ。部分がよくなれば、全体としての経営がよくなるかというと決してそうではない。経営が真に成果を上げるためには、断層をなくしていく必要がある。

たとえば、仕掛品を減らすことは製造だけの問題ではない。営業が製造にピタリと合うような注文をとり、購買がまたそれに適合する材料を揃えることができなければ解決しない。売り上げの増大も決して営業だけの問題ではない。営業が受注を増大しようとしても、製造が売れるようにつくってくれなければどうにもならない。トップ・マネジメントが、どんなに優れた決定をしたとしても、それを実施する中堅幹部や第一線に正しく伝わり、それをやり抜く中堅幹部や第一線がいなければ経営はよくなるはずがない。

一九六五（昭和四十）年ごろ、我々は「会社のなかに三つの異民族が住んでいる」とよく言ったものだ。当時の会社の従業員は、年齢によって大きく価値観が異なっており、だいたい三つのパターンに分かれているという意味だ。異民族と言ったのは、日本語を共通語として喋ってはいるが、お互いの心が理解できない状況が現出していたためで、それが組織階層とリンクして気持ちの通じ合いを妨げていたのである。

現在は、当時以上に分断化が進んでいる。年齢ごとに異民族が入社してくるといえるほど、ものの考え方の差は大きく、多民族雑居の状態にあるといえる。しかし、考え方や価値観が異なるということは、ある意味で真の組織化の第一条件を満たすことに通じる。なぜならば、とにかく「自分」というものを持っているからだ。そうした異質なものを活かしながら、真の組織化を進めることができれば、輝かしい成果を期待できるだろう。

4　古いままの組織観

日本の企業で真の組織化ができなかった場合の根本的な原因の一つは、公式組織だけを組織と考えて、その実体をなす人間を忘れていたからだ。企業組織の階層と権限だけが気になって、仕事よりも出世という意識や、縦の秩序への憧憬があまりにも強い組織は、民主主義の看板の陰でうごめく、徳川時代と変わらない封建主義の組織である。第二は、「組織は分業の取り決め」とだけ考えて、協業の重要性をなおざりにしたことだ。特に管理層が権限保持を重視して、協業責任を忘れていたことが大きく影響している。それにも関わらず、日本の経営は世界に比類するものがないほどの発展を産業界にもたらすことができた。

理由は何か。

一つは、敗戦後の飢餓から脱出しなければ滅亡せざるを得ないという危機感が、皆の心を一致させたことであろう。しかも一億人のマーケットが目の前に存在していた。

二つめの理由は民族的同質性が高く、人種的、社会的偏見が少ないこと、働けばそれなりの評価と報酬を得られたことである。

三つめの理由には、上位者に対する忠誠心に富み、定まったことには文句を言わず一生懸命に働く気持ちと、高い教育水準を持ち合わせていたことが挙げられる。

四つめの理由は、米国という先進国を目標に、その模倣さえしていればよかったことだ。つまり、自分たちの手で何も考え出す必要がなかったのである。

五つめに、敗戦国、後進国として同情され、看過されていたことがあるだろう。

このいずれをとっても、健康組織化の成果ではなく、我が国だけの恵まれた好条件によるものだといえる。しかし、いまや日本の企業は、その外部環境も内部環境も激変している。先進諸国に追いつくことで模倣すべきものがなくなり、自らが何かを生み出さなければならないところにきている。飢餓と戦った人々は圏外に去り、飽食・享楽の時代に育った新しい人々が、企業人の主力になりつつある。技術は日進月歩し、今日の新製品が明日には陳腐化するほどの激しい変化だ。そのような条件下で、従来どおりの古い組織観で組織を動かすことは、もはや不可能である。今こそ、真の組織化に取り組むときである。

二　健康組織実現のために

1　縦と横の断層をなくす

日本の企業組織の実体には、縦と横との断層が走っている。そしてその原因の大半は、管理職が分業の面ばかりを考え、協業に関する責任に無関心であったことにある。分掌規程・権限規程に示されたことだけ忠実にやればよいと考え、他のことには口も出さない代わりに、自分のことに他から口を出させない。官僚的な考えから抜け出せなかったことが最大の要因である。したがって、健康組織の第一は管理職が協業に関する責任を自覚し、それを果たすことから始める必要がある。また、健康組織を実現するためには、メンバーが共通の目標を持たなければいけない。大切なのは、単に指示されているのではなく、組織の目標が自分たちの目標と合致していることを認識することである。このための具体的な手段としては、長・中期経営計画を、全管理職を参画させて策定することも効果的である。それに加え、チームメンバーが自分の意見を自由に主張できる雰囲気づくりも重要だ。日本の企業には、上位者に対しては絶対服従で、正当な意見の主張もしにくい雰囲気がいまだに残っている。そのために、叱られそうなことは言わないし、大切なことは知らされないことが多い。それでは健康組織ができるわけがない。そして、この土壌づくりは主としてトップの責任である。

一方、仕事中心の小チームを編成して、健康組織の体験を重ねることはできる。現在でもプロジェクト・チームがつくられているが、多くの場合、仕事中心の編成というより、公式組織に拘泥した、顔を立てるチームになっていることが多い。これをやめて、仕事の目的達成のために、本当に必要な能力を持っている人々をチームに結集させる。職制や職位に関係なくチームメンバーを同一の資格で参加させる。そしてリーダーに人を得れば、全員が健康組織化の成功体験と、輝かしい成果を得ることができるだろう。また、全従業員が縦の序列の呪縛から一日も早く抜け出し、社会・文化に貢献する価値を創造する仕事仲間として自らを再編成し、位置づけることが重要である。

2 管理職としての協業責任の意義と役割

管理職として徹底して理解すべき協業責任とは何か。協業責任とは、要するに分業でバラバラになったものを結びつける責任を意味する。具体的には、次の二つを実行することが求められる。

①一つ上と一つ下の責任

管理職は自分の職位より一つ上の層と、一つ下の層とを結びつける必要がある。組織の各階層がチェーンのように繋がれば、そこに断層はなくなり組織は有機的に動くことができる。たとえば、課長が業務上の決定を下すときには、自分の直属上司である部長の立場に立って、判断し決定する。自分の部下に命令するときには、その部下の立場に立って命令するということだ。

自分の立場だけで考えて判断すると、全体の利益に反することが出てきてしまう。一つ上の立場から判断すれば、全体のなかで自分の果たすべき役割が明確になる。また、部下の立場に立てば、部下の成果が高まるとともに、部下が実行できる範囲を確実に把握することもできるようになる。

②横の関連部門を結びつける責任

横の協業を推進するためのポイントは二点ある。

一つは、自分の分業の責任を果たす際に、関連する他の部門との関係を一緒に考えることだ。たとえば、営業が注文をとる際に、納期などについて事前に生産から意見を聞いておくということだ。ところが現実は、このような簡単な事前の打診、中間の打ち合わせが無視されることが多く、結果が出る段階で大騒ぎになることがある。

仮に、連絡票の受け渡しについて考えてみる。「関係する部署に対する連絡事項は、連絡票に書いて渡す」というルールがあった場合、きちんと連絡票に書いて提出すれば問題は起きないだろうか？　答えはＮＯである。大切なことは、実際に連絡がとれたかどうかである。だとすれば、連絡票を書いて渡すだけでなく、顔と顔を合わせて連絡することが大事なのである。連絡票はその確認ツールにすぎないのだ。

もう一つは、他の幹部がその分担業務を果たしているときに、自分がどんな応援ができるかを考えることである。たとえば、増産を命じられた生産課長が苦心惨憺《くしんさんたん》している。そのとき、人事課長なり経理課長なりが、自分のできる範囲でどういう応援をするかを考える。生産は自分の担当業務ではないかもしれないが、些細なことでもできることがあれば実施するのが当然である。

3 健康組織化に向けたトップの役割

経営者の機能は二つある。一つは、経営基盤を変えるような経営の基本的体質・構造を変化させる戦略機能である。もう一つは、ある製品のコストを安くして、より多く売っていくという経営基盤を変えずに行う管理的機能である。このうち、これからの日本の経営者が強化すべきは、戦略的な経営機能であることはいうまでもない。それも単に国内産業界の範囲だけではなく、世界の動きと関連した戦略の重要性も考えるべきである。

戦略的決定は、会社の基本構造に関わることであり、企業の運命を決する。その決定に必要な情報の量と、質の多様さは従来の比ではなく、個人の能力限界を遥かに超えるものでもある。したがって、今後のトップ・マネジメントは、優れた集団天才として、健康組織化されたものでなければできなくなる。社長はその健康組織のもっとも優れたリーダーであるべきだ。

天才的な勘や創業経営者としての迫力で、企業を発展させてきた経営者は多い。しかし、経営規模がある程度以上になると、個人天才の限界が見えてくる。今後は、内外の情報とエネルギーを組織化し、リードして皆が納得できるようにアレンジして決定していく必要がある。もっともこのような経営者は、生まれながらの天才として突然出現するわけではない。数多くの情報から本物と贋物とを見極めつつ、感性を磨いてきた結果として生まれたものであることを理解したい。また健康組織のリーダーとして、メンバーから信頼される資質・品性も、生まれながらにして備わっているものというより、長い実践のなかで鍛え抜かれたものなのだ。

経営者は、企業の永遠の維持・発展のために、新時代の優れた経営者を生み、育てる風土と伝統を企業のなかで培養することが大事である。

4

健康組織化には教育が必要

健康組織を実現するということは、結局は組織を構成する個々の細胞である「人間」の問題をどう捉えるかという問題に帰結する。生きものはすべて初めから完全な姿で生まれてくるのではなく、様々な環境によって、徐々に育てられ成長するものだ。健康組織化が完成されるのも、それを育むような風土と条件（この積み重ねが伝統となる）が必要になる。

具体的には、「教育」こそが、企業の将来を決定するといっても過言ではないだろう。日本の企業は、様々なセミナーや研修カリキュラムに、大きな予算を割当てながら取り組んでいる。しかし、専門意識やテクニックを覚えさせることが中心で、本来求められる「全人教育」の部分が疎かになりやすい。単なる知識だったものが、役に立つ知恵になるためには、聴く・思惟する・行ずるの三段階が必要だと、お釈迦様は言っておられる。その「行」こそが、真の教育の行きつくところではないだろうか。

企業人の「行ずる」場は自分の職場であり、自分に期待された役割を立派に果たすことしかないだろう。導師は誰か。先輩こそもっとも身近な導師・縁であろう。先輩が後輩へ、その後輩がそのまた後輩へと、教え教えられ、叱り叱られながら、自分の役割を果たしていくことこそ一番の教育であり、それがその企業にしかないノウハウを育てていく因になる。

また、自分にできることや自分の意見は主張する。それらが他人の主張と衝突したとしても、一次元高いところで統合されることで、自分は生かされたことを実感する。これこそ「健康組織」であり、それに参画した満足と喜びを体験させることこそ、企業人にとってもっとも大切な教育といわねばならない。

三

経営の本質は仕事の遂行のなかにある

仕事や働くという言葉は日常的に使われているが、単に身体を動かし勤務時間をまじめに過ごすことではない。仕事とは〝事に仕《つか》える〟ことで、事とは〝使命や目的〟を意味する。そして、働くとは、次のような仕事をすることである。

1 正しい「仕事」とは何か

正しい仕事には三つの要諦がある。

第一は、人から言われたからではなく、自ら進んでやる自主性、主体性が問われるということである。経営は、親会社があろうが、自らやるという自主的経営でなければならないし、社員も全員が一人ひとり当事者意識を持って仕事にあたる必要がある。

第二は、収入・利益のほかに社会に役立つという目的意識を持っていることだ。企業経営も個人の職業も、利益・収入がなければ維持できない。しかし、利益・収入を求めるだけでは正しい仕事とはいえない。逆に、社会のためになってもボランティア活動のようになってしまうと、それもまた経営とは言わない。利益・収入を得ることは存続のためには必要なことだが、手段であって、目的ではないことを認識したい。

第三は、仕事の過程や結果に創造が含まれていることだ。成長するため、仕事のなかに新しい創造を含んでいるのが正しい仕事で、十年一日のごとく仕事のプロセスにも、結果にも創造がないのは労働であっても仕事とはよべない。

一人ひとりの従業員が本当にやり甲斐に燃えて仕事をすれば工夫が生まれる。単なる利益追求でなく、人間社会への貢献という目的意識が加われば、何らかの創造的な行為が求められるはずだ。また、創造するためには、多様な価値観を持った従業員との協働が必要であり、そうした場が確保されている会社には吸引力、結集力が生まれる。

2 経常業務と革新業務

仕事には、経常業務と革新業務との二種類がある。経常業務は経営を支える基盤となる仕事で、繰り返しの業務が中心だが、管理努力によって変化に対応し、日々改善が加えられている。しかし、経常業務だけをやっていては進化できず、内外の環境変化についていけなくなる。経営基盤を変えて伸びていく業務が必要で、このための仕事が革新業務になる。

企業の吸収合併や新事業進出、新製品開発、新組織制度革新などは、いずれも経営基盤を変えて成長するための要素で、これらの革新業務は一般にプロジェクト・チームを組んで進められる。場合によっては、経常業務のなかでも革新業務が求められることもあり、経営全体はもちろん、生産、営業、資材購買、人事教育、はたまた財務経理面でも革新業務は発生する。経営は、この二つの仕事の連鎖によって、変化に対応し成長する「生きもの」なのである。

3 仕事を成し遂げる能力「コンピテンス」

仕事には、知識と能力が求められるが、「知っている」と「できる」とでは意味が違う。また能力は、動的能力、知的能力、情的能力の三つがあり、動く、考える、思うという能力が求められる。この動・知・情が三角形のごとく三つの側面を持ちながら、一つの統合体になって行動されている。

一方、知的能力はまさにその人が持つ知識の総量であり、情的能力は動や知に重要な影響力を持つ。また他者の力ではどうにもならない個人の尊厳に関わる部分である。たとえば、愛社心を持てと言われても、この会社を愛したいと思うのは本人で、強制はできない。むしろ会社としては、個人が愛するに足る会社にするしかない。

仕事をする際、もう一つ必要な要素がある。それは人と仕事を結びつける能力「コンピテンス（Competence）」だ。良い訳語がないので私はこれを「仕事を成し遂げる能力」と訳している。たとえば溺れかけている子どもを見て、その人が川に飛び込んで救うかどうかというとき、泳げる能力と、必要な知識を持っていても立ち去ってしまう人がいる。また、企業のなかでも、「ムダ」や「機会損失」を知っていながら見過ごしたり、積極的に排除することを避けたり、躊躇してしまう人も少なくない。

経営ではこの溺れた子どもを救い、ムダや機会損失をなくす積極的行動がぜひとも必要で重要な仕事になる。そしてこのときに求められるのがコンピテンスで、知識や能力とは別に仕事を成し遂げる力、やり抜く力が重要になる。

四　仕事中心の組織の意義

1　その分野のプロが集まった最高の集団

仕事中心の組織は、「達成すべき仕事」、「その仕事を達成するために参加している一人ひとりの役割」、「それら相互の関係」の三つの組み合わせによって定まる。そして、その実体は分担される役割に対するコンピテンスによって変動する。たとえば新製品開発は、トップによる新製品事業化方針の指示から始まって、それが完了し経常的生産・販売体制に移行するまでにいくつかの段階を経る。その段階に応じて、研究、技術、販売、企画、トップ・マネジメントなど、各部門・各機能が必要とする活動をバランスよく遂行することが必要だ。これら各部門との連携を円滑にするために、各部門から人を選抜してプロジェクト・チームを組織することがある。そしてプロジェクト・マネジャーを置いて、新製品開発の全プロセスを統括させるのである。プロジェクト・マネジャーが必要なのは、各段階における調査研究・経験・教訓が寸断されずに、後段階に伝達されることが必要だからだ。また必要なとき、必要なメンバーに、必要な情報を与えてメンバーを動機づけ、仕事の進捗を促し、プロジェクト遂行する役割も求められる。

もちろん、新製品開発を成功させるためには、チームのメンバー個々人が持つ能力容量が極めて大切になる。プロジェクト・チームのメンバーが、全力を傾注して情報を収集し、自由に意見交換し、それらの情報を選別し、組み合わせていく過程を経て良い結果がもたらされる。そして、メンバー全員の連帯感・参画意識が醸成され、各自が共通目的を達成するために自主的な仕事への参画がなされたとき、チームはグループの個々人では思いも及ばない大きな成果を生み出すだろう。まさに集団天才の誕生である。

2　不確定要素が必要性を高める

現在、非経常業務の必要性が増している。それは企業環境の見通しがつきにくくなり、いつ、いかなる突発現象が発生するかわからない状態にあるからで、いわゆる「不確実性の時代」に突入しているということだ。

同時に、経常組織のありようからも組織の見直しが迫られている。高度成長期に大量採用した人々の昇進・昇格が限界にきているからである。企業のなかには、部長代理、部長補佐、次長等々と紛らわしい職位をつくって対応しているところもあるが、すでにそのようなことではどうにもならない状況にきている企業も少なくない。専門職制度などを設けている企業もあるが、従来の公式組織観が邪魔をしてうまく機能していないのが実情だ。また、経常組織のライン管理職でなければ、落ちこぼれたと見られ、また自分でもそう自覚することで士気を低下させているケースもある。そして、士気沈滞した人々は、紛れもなく企業内における高給者である。

3 組織改革の要諦

組織改革は、経営が当面する現状および近い将来にわたる課題を明確に認識したうえで、それらの課題を解決するために行うものである。そこには大切な四つのポイントがある。

①組織変更のタイミング

経営は生きものであって、常に変動するものだが、公式組織は一度定まると当分動かすわけにはいかなくなる。管理職は、公式組織と実体組織のギャップを埋めながら日々業務に対応するが、運用だけでは対応できなくなる時がくる。まさしく組織変更のタイミングである。

②公式組織には将来変化を織り込む

公式組織を経営の動きに連動させて、変化させることはできない。また、そうすべきでもない。したがって、組織改革にあたっては、そのときの実体とは食い違っていても、近い将来予測しうる変化への対応を織り込んだ公式組織をつくるべきである。必要に応じて、すぐに人員配置などの手を打って、実体と連携できるようにするためである。

③実体組織の移行は漸進的に

組織改造でもっとも大切なことは人事配置である。というのは、一人の抜擢人事が多くの人を鼓舞しないで腐らせることがあるからだ。また新組織で地位を追われる上位者のやる気をなくす弊害もある。そこで、抜擢の前に一呼吸おくことが考えられる。企業によっては、わざと左遷することでその見事な仕事ぶりを皆に納得させ、所期のポジションにつける例もあるが、これも一案である。

④組織改革の効果は一年先

組織改革が行われ、組織の実体が所期のように動くようになるまでには、どうしても一年以上はかかる。逆にいえば、それを見越した組織改革でないと失敗する。現在のように、変化の激しい環境では二、三年先を見通すことは難しい。そのため、経常組織では到底管理しきれない問題が次々と発生してくるので、そのような非経常業務を処理するための組織の編成が必要となってくる。非経常業務を処理するには、プロジェクト・チームを編成し、現階層にとらわれない思い切った人事で「仕事中心の組織」とすることが望ましい。そのプロジェクトが成功すれば、埋もれた人材の発掘にもなるし、人材登用の動機づけもできる。

今後は、むしろ非経常業務のなかから、経営の大黒柱が生まれてくる可能性が高い。「仕事中心の組織」の考え方が浸透する良い機会にもなるだろう。

五　企業組織の課題

1　創造のための組織

企業組織の将来を論ずることは、企業経営の将来課題を論ずることになる。文献を渉猟して精緻な論理構築をするのは、もとより私の任ではない。ここでは極めて雑駁《ざっぱく》ではあるが、コンサルティングの経験のなかで感得している将来問題を提示しておきたい。

戦後の日本経済は良いか悪いかは別にして、世界経済のリーダーの一員と認められるまでになった。ところが、その地位を築くことができたのは、先進国という手本があり、それを忠実に精力的に模倣する国民の能力と集中力があったからだ。檜舞台に押し出されてはみたが、それこそ自分のものと誇れる芸を何も持っていなければ、戸惑って立ち止まってしまうだろう。しかも、舞台の背景となる技術や市場変化のテンポはますます急激であり、将来どうなるかという確実な予想も立てにくい状況にある。

このような環境では、自らが積極的に何かを創造して環境に順応させることが必要になる。しかし、創造という仕事は本来現状の否定から始まるため、既存の枠組みでは対応できない。従来の階層秩序を維持する組織＝安定した組織とは、変化する組織は異なるものであり、別のものが必要とされるのだ。

次に、創造のプロセスを考えてみると、その発想は異種情報の組み合わせの変化から生まれる。そうであれば、何よりも積極的な情報交流が大切である。また途中で直面する様々な障害を克服していくだけのエネルギーの集積も必要だ。それらをどう組織するのかというのが第二の問題であろう。この二つの課題を解決するためには、すでに述べた「仕事中心の組織」「仕事を達成する仲間の健康組織化」がそのヒントとなる。

創造という仕事を成し遂げるためには、階層や年功に関係なく、仕事に必要な能力を中心としたチームづくりが必要である。チームメンバーは、できる限り異質なメンバーで構成される方がより大きいシナジー効果が期待できるだろう。

もちろん企業は今日を生きていかねばならないから、現製品の戦略的展開を図るうえで、既存の経常組織による統合力を発揮することは、基本的に重要である。また戦略的統合力を発揮するための組織と、予測不可能な未来に備える創造のための組織では、当然だが性質が異なるため、その異質な組織をどうバランスよく併存させ、活動させていくかを考えていくことが、将来の経営者に期待される。

2　企業の永遠の課題

哲学者の谷川徹三氏はかつて、「文化の基本構造について」という講演のなかで、政治・経済・宗教・科学・哲学・芸術の六つの文化領域と価値理念についてその基本構造を説明した。

「文化の諸領域はそれぞれの領域に分けられているが、どれ一つとっても孤立して存在しているものはない。たえず互いに作用し合い影響を及ぼし合うことによって形を変えて行っている」と指摘したうえで、「経済における価値理念は利であるが、これが本来のユーティリティとして実際生活に役立つものを生む場合は価値となるが、私利となると非価値に転化する恐れがあり、私利を追求することが公益に反することが起こる」と語っている。そして「それは、政治の価値理念である力が暴力となると非価値に転化するのと同じである」と説明されている。

谷川氏の指摘は、企業の正しい在り方に大きな示唆を与えてくれる。企業の価値が認められるのは、人間の文化に何らかの貢献をしているからであって、それによって利益の追求が許される。逆に利益だけを追求していけば、企業の存在が逆に人間の文化にとってマイナスに作用するということである。

現実に企業を見てみると、利益追求に急ぐあまり反社会的行動を平然と犯しているものも見受けられる。それらの企業は社会を毒するだけでなく、従業員の人間としての良心をも犠牲にしている。企業活動は将来、ますますソフト面へと拡大していくと予測されるが、ソフト製品はモノと違って目に見えず、しかも人間の精神面へ直接影響する。それだけに、もしそれらが利益追求のあまり、精神的公害を撒き散らすようになったら大変だ。人間は取り返しのつかない被害をこうむるであろう。

古代中国の君主である、堯《ぎょう》が舜《しゅん》に「允《まこと》に厥《そ》の中《ちゅう》を執れ」と、天下を治める神髄を教えて

図７　文化の八面体構造

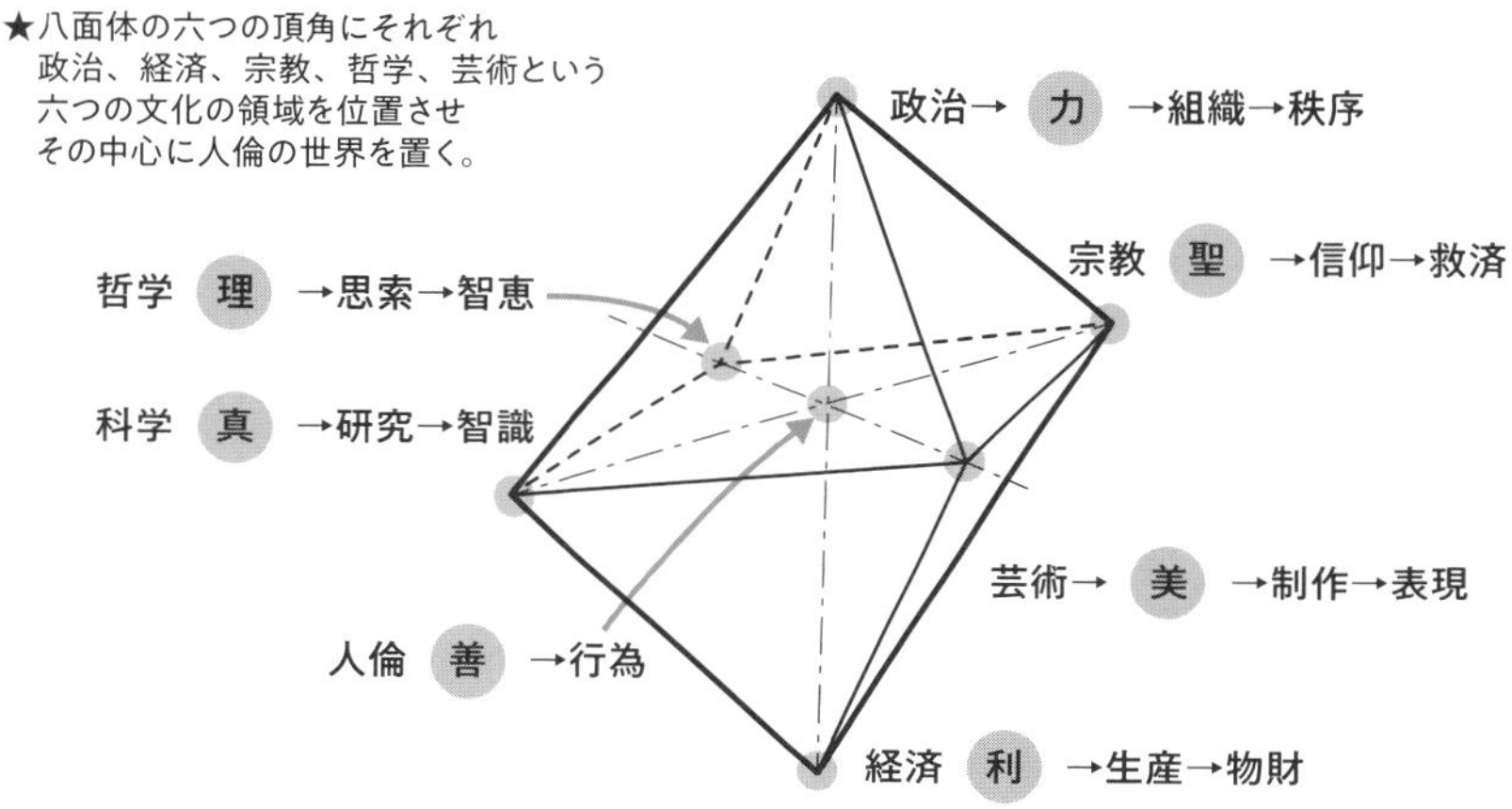

出所：『独創的経営づくり』

いる。また、論語に「至善に止まる」という言葉がある。企業も永遠にその生命を発展させようとするなら、ただ利益さえあがれば良いということではない。企業を至善へと導く者は誰かといえば人である。それも外部の人ではなく、会社で働く人になる。上位者の命令にただ従うのではなく、人間としての良識を堅持し、自分の考えを正しく主張する社員であれば、企業を至善にとどまらせることができるはずである。また、そういう従業員が働けるような風土に恵まれた企業なら、利益追求のあまり人間に非価値をもたらすような過ちを犯すことはないだろう。

従業員一人ひとりが自分の人生をかける仕事を見いだすことができ、それが班、課、部で組織化されて、最後に会社全体の組織化が完成し、人間の文化に大きく貢献するような価値を創造する企業。それこそが理想だが、それは永遠の課題である。

第六章

経営調査

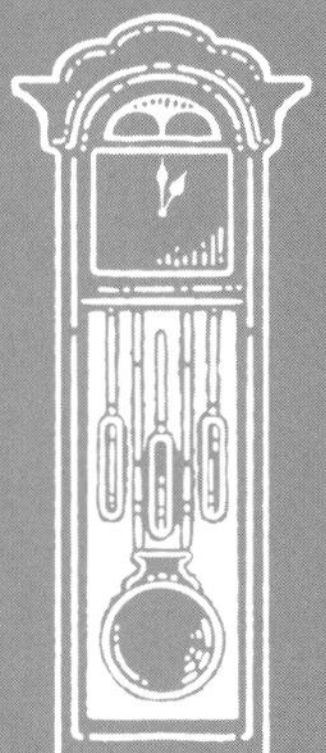

一

経営と長期計画

1　経営者の仕事と管理職の仕事

管理職といわれる人々は、管理努力によって変化に対応したり、必要な成長を達成したりすることが仕事である。しかし、経営者はそれだけでは困る。将来に向かって成長し、そのためにどう経営基盤を変えなければならないのか。また、具体化計画を責任もって立案し、実施を推進することが最大の仕事である。

かつての日本企業は、この革新業務をトップだけの天才的経営能力や企業家精神で行っていた。しかし今日では、そのことを経営者単独で行うことは難しく、少なくとも部課長級の人々の参画なしには不可能になっている。

経営基盤の変化革新のために行うマネジメントと、現在の経営基盤のうえで管理するためのマネジメントとはまったく違うもので、求められる能力も異なる。しかし、これからは維持と革新という矛盾した能力の両方を身につけた経営幹部が切に求められるようになる。

2 長期計画のための経営理念

現在は過去の所産であり、将来のために現在がある。そうであるならば、長期計画は将来から逆算して現在を見直すことであり、五年たったらこうしようということではない。長期計画はいつまでに、どのような姿にするかの目標を立て、現在のままで推移した場合の予測との差を明らかにするところからスタートする。その差を埋めるために、トップや各部門が行うべき対策が生まれてくる。

従来の企業経営では「経済的側面」だけが強調され、事業面・組織面は経済的成果のための手段のように考えられてきた。長期計画の目標も、売上高目標と利益目標が中心だった。しかし、企業経営には経済的な目標以外に社会的な目的があり、企業内外の人々から支持されることなしに企業の存続はあり得ない。「経営理念」とは、その企業内外の社会的な目的使命との関係を表現するもので、社会の公器としての経営に企業内外の人々を結びつける魂のようなものである。これからの経営は、このような「理念への精進」なしには存続できなくなる。よって長期計画は、経営理念を確立することから始めることが大事なのである。

つまり、次の三つから成り立つものが長期計画なのである。

①過去からの蓄積としての現状の認識
②経営理念に導かれる経営目標（いつまでに、どのような姿に）
③前記①②の二つを結びつけるプロセス・プログラム

二　経営調査と経営コンサルタント

1　問題とは何か

経営理念は「将来のビジョン」と「ビジョンを実現するための基本的考え方」で構成される。これに対して、経営目標は「そのビジョン実現の時期を具体化したもの」である。経営目標を立案するためには、経営を取り巻く内外の環境変化を全般的に把握し、現状および近い将来に予測できる問題点を抽出して分析する必要がある。また、変化変動への対応や実現に要する期日などを見通す行為が必要になる。これが「経営調査」が必要になるゆえんであり、経営コンサルタントがなすべき仕事である。

私は常々、経営コンサルタントの仕事は、「経営を全般的に調査し、その経営が当面する経営上の問題と、近い将来に予想される、経営上の問題とを分析し、その問題を解決するための方策の大綱および計画を立案する」ことであると言ってきた。経営のなかをのぞくと、機能別、部門別にいろいろな仕事があり、組織階層別にも分業され協業して運用されていることがわかる。しかし、これを役職とか担当者といった「部分」で見るのではなく、会社全体の当面および近い将来の問題を見据えて調査する必要がある。そのためには、社長から第一線担当者の人たちに至るまで、「全般的に調査」することが必要になるのである。

また、近い「将来」とは、現在の決定が将来に影響を及ぼす期間を意味している。さらに、経営は企業内部だけ見てもわからない。経営に関係する外部がその経営に与える影響を事業面、経済面、組織面から調査することが重要で、企業内外の過去・現在・将来にわたる全般的調査が求められる。

「経営上の問題」「問題を分析する」などと、我々は「問題」という言葉を簡単に使う。しかし、「問題とは何か」を説明することは非常に難しい。

たとえば、皆さんのご子息が数学の試験で八十点を取ってきたとする。そのとき八十点の試験内容をいくら調べても問題は出てこない。彼はいつも百点を取ってきていたのに、なぜ今回は八十点しか取れなかったのか、あるいはいつも七十点以上取れなかったのに、今回は八十点が取れたのか、などと考えるときに「問題」が生じる。現在に繋がる過去がどのような状態にあり、現在とどのように関わっているかが問題になるのだ。

もう一つ、これからの目標との関係で八十点程度の成績でよいのかという問題も発生する。このままでは志望する大学への合格見込みがないというのであれば、なんとかしなければならない。目標なしには問題はわからないし、目標を高く掲げるほど問題は顕在化してくるものだ。

経営上の当面する問題、あるいは近い将来当面する問題の分析が簡単ではないのは、実際には経営理念や目標が明確に理解されている企業が非常に少ないからである。しかし、その企業が過去から現在までどのような軌跡を歩み、かつ将来はどのような会社にしたいのかを把握しなければ、本当の意味での分析には至らない。つまり、経営コンサルタントの仕事は、基本調査によって経営上の課題についての対応方策の大綱を提案し、長期計画や経営戦略に資することにあるといえる。もちろん、請われれば実施推進に関する支援も行うが、一部の例外を除いて、個人のコンサルタントとしては提案までが限界である。実施の援助は組織化されたコンサルタント集団が行うプロジェクトであろう。

2　革新の実施は社外の人ではできない

経営調査は、問題を解決する方策の大綱を立案することが重要だが、方策の具体的実行案を社外の人間だけで作成するのは難しい。誰がやるのか、いつまでにどれだけの経営資源の投入が許されるのか、はたまた動いている現在の仕事関係をどのように変えるのかなどは、社外の人には立案できない。社内のしかるべき実施責任者が決まり、彼・彼女の責任あるイニシアティブで初めて推進されるもので、コンサルタントは彼・彼女を支援することはできても、代わることはできない。

実際、会社の問題・課題は多岐に渡り、これを一度に全部直すことは困難だ。また、経営というものは日々生身の生命体として生きており、固有のリズムで経常的に進められている仕事がある。そうした現実を無視して、すべてを止めてしまっては大変なことになる。したがって、経営調査での問題解決のための方策の大綱や計画を立案する際には、どの問題をどう理解し、どういう順序方法で解決していくかという問題解決方法の大綱と手順や、計画を提案することが多くなる。そのうえで、経営者の問題、営業の問題、人事管理の問題、研究開発の問題など、社内の各部門を支援する経営コンサルタントを派遣する。抜本的な経営革新を行うのであれば、組織化されたコンサルタント集団による支援が必要である。

3　正しい問題認識こそが原点

私は在職中、三十五年間、特にトップ経営者が行う経営課題に対応してきた。具体的には、合併や会社の組織改革、新事業、新製品といった問題から公社・公団や宗教の宗門調査といった団体・組織のコンサルティング等である。その意味では多種多様なコンサルティングを行ってきたわけだが、そこには共通している問題があることに気がつく。

それは、経営幹部が自社の経営上の問題について正しく共通の認識をしているかどうかが怪しい、いやその理解さえ不十分なのではないかということである。社長の考える経営上の問題と、役員の考える問題、営業部門の考える問題、生産、技術、財務、人事などの経営幹部の考える経営上の問題がばらばらであるということに驚く。こんなことで、どうして当面および近い将来に対する経営上の問題解決の革新ができるのか。自分の身体のどこが病気なのか、弱いのかの認識が、みんなばらばらでは治療法も健康法もあったものではない。程度の差はあっても経営の革新の原点は、まず自社の実態を見つめなおして、正しい共通の認識を持つということであろう。

もちろん、社長も役員も部課長も担当者に至るまで、みんな自分の会社をよくしようと考えている。それにもかかわらず、問題の所在、性格、対象そしてその重点の認識がばらばらなのは、会社をよくしようという「よく」という言葉の意味がまちまちだからである。方向、性格、水準の認識もばらばらで、その背後にある問題についての認識もばらばら。さらには具体化されたその問題解決の対策もますますばらばらなのが実態である。経営調査は、正しい共通の問題認識を作り上げるための手段でもあり、経営革新の第一歩、原点になるものである。

経営は様々な要因が複雑に絡まり合っている。その関係を見抜かねば経営の本質も、問題の本質もわからない。また、立場を超え、利害、願望を超えて、企業の問題を正しく認識し共通の理解をするには、経営を全般的に見た当面の問題と、近い将来の問題を本質的に把握するしかない。そのための重要な手だてが経営調査である。

問題の本質は、矛盾撞着の関係を追求するなかにある。本質自体はなかなかわからなくとも「全体と個」「個と個」の関係を理解する態度が本質に近づく道である。生産という個だけを追求しても、それぞれの立場や願望、理由にとらわれてしまって問題の本質的理解はできない。経営調査は、何も経営コンサルタントの特権ではない。経営者も全般的な見方から、経営上の問題を正しく把握し、少なくとも経営幹部全員の共通の認識にまで、理解昇華させるために努力されている。しかし、私の経験や直観からすれば、一定の見方で問題を決めて押しつけていることが多いように思う。

経営上の問題を究明するためには、経営に関係する様々な要素の関係性を究明しなければならない。しかし、個々の要素における同質・異質、因果・因縁、矛盾の関係は複雑で、情と理が綾なして動いている経営は、単なる論理では割り切れるものではない。また、直接的な因果関係だけでなく因縁果の「縁」にあるものも見落としてはならない。

たとえばモミだねがなければ、米が収穫できないように、因（タネ）がなければ果は絶対に生じない。しかし、モミだねだけでは米はつくれない。日光や水、土や温度が揃って初めて種が芽を出し､米になる。このように因が果となる助けとなる働きを「縁」とよぶ。この因縁果・矛盾が錯綜して絡み合う関係を見抜いたうえで、この企業をどう見るか。そして今後どうするかという共通認識の基本を築き上げることが、経営者にも経営コンサルタントにも求められる重要な基本的能力である。

4 経営調査に必要な科学的態度とは

経営は科学そのものではないが、科学的態度が求められる。昭和二十四年、日本の産業のなかで電気通信関係の企業のトップ経営者を集めて、トップ・マネジメント・セミナーが開催された。ＧＨＱによる有名なＣＣＳ経営者講座である。実は、日本ではそれまで経営全体を体系づけて、「経営とは何か」を考える機会はほとんどなく、参加した経営者は大変感銘を受けたといわれている。

このＣＣＳ講座が残した最大の功績は、全体を流れる思想であるサイエンティフィック・アプローチ（科学的手順態度）である。「科学」ではなく「科学的」といっているところに大きな意味がある。科学的手順とは、次のようなものを指す。

①問題は何かを決める（本質的に追究）

②問題に関する事実を集める
③集めた事実に基づいて計画を立てる
④計画を実施に移す
⑤実施結果と計画とをチェックする

つまり、科学と同様な考え方や手順をもって、経営にアプローチすることが科学的態度なのである。もっとも、上記について多少誤解されていることがあるので、この場で補足しておきたい。

一つは「③集めた事実に基づいて計画を立てる」だが、ここでは「事実のみに」と言っていないことに注意が必要だ。また、事実には客観的事実も主観的事実もある。経営にはわかる部分も、わからない部分もある。そのわかる部分の主観、客観の事実を集めることが大事なのであって、すべて事実だけで充足されるわけではない。

もう一つは「⑤実施結果と計画をチェックする」の項である。実施と計画の差の原因を追究するとき、「計画が悪い」と「実施した人が悪い」という二通りの指摘がなされることが多い。えてして後者が原因だとする考えで実践されやすいが、ここはむしろ前者の計画に焦点を当てるべきである。なぜならば、計画とは本来、起こり得る事態をすべて予想して立てるものだからである。当然、実施者が悪いことも予想のなかに入れておくべきで、人の問題に起因させるだけでは問題は解決しない。

目標は計画立案の基本であり、計画は目標達成のための手順、プロセスである。同様に、仕事と成果の関係を見ると、成果は結果であって、仕事は結果ではない。結果を生み出す「手だて」が仕事で、成果を生み出すプロセスに着目する必要がある。こうしたプロセス主義の考え方は、まさに「生きもの」に通ずる経営であり、CCS講座は徹底して経営はプロセスであることを教えてくれたように思う。

ちなみに、経営調査も「経営を人間のつくった生きもの」として、科学的態度でその本質に迫ろうとしている。望ましい結果を得ようとすれば、それが生まれ出ずるプロセスが必要で、そのプロセスをいかに創造し、設計、改善、革新するかを科学的態度でアプローチするのが経営調査の本質である。

とはいえ、経理的数字や販売や生産の実績数字を分析したからといって、経営を正しく認識できるわけではない。各種の必要な情報を、実績的にしかも計数的に定量化して資料を集め、それを分析検討することは、科学的態度の一つとして大切だ。だが、その収集したデータの裏にあるものを把握、分析できてこそ、初めて経営調査だといえる。

実際、資料の名前は同じでも、内容は同じでないことはよくある。数字で表現されると正当化され、思い違いや重大な錯覚が生じる。また、数字で表現されなくても「実績」であるなら間違いないと受け止めてしまうこともある。しかし、実績の何が経営的に正しいのか、そして実績は何を表現しているのか、しかも正しく表現しているのか。それらを見抜かなければ本当に把握したとはいえない。

さらに実績資料にも、数字にも出てこない経営の実態も知る必要がある。経営環境、組織風土、技術力、現場の組織力、市場の信頼性など、まさに現場を通して定性・定量を総合した実感として理解するのでなければ、経営そのものを正しく理解認識することはできない。

経営調査を行うと、むしろこうした場面に直面する方が多い。現場調査がこれらすべてを解決するものではないが、現場調査なしに経営調査はできないといえるだろう。また、現場調査の対象は生産現場だけではない。市場も、地域、本社オフィスも、あるいは代理店、特約店、外注工場、仕入先。実体を目で見て、手で触り、直接耳で聞き、肌で現場や現物に接する。本質的理解をするための実態直接観察法の調査が経営調査なのである。

「情報分析や資料調査」は、むしろ経営調査の裏付け、ないし補足するためのものである。「現場調査で得た情報や実感」をもとに、資料や情報の補足を行っていくこと。経営調査はこの二つのアプローチで全体像を明確にしようとする。

三　コンサルティング技術

1　コンサルティングに必要な技術

我々が企業においてコンサルティングするときに必要な技術をコンサルティング技術という。具体的には、「管理技術」と「調査技術」の二つがある。

「管理技術」とは、品質管理・原価管理・生産管理・販売管理・購買管理などのように、経営管理上の管理機能や管理項目別に、管理の考え方（コンセプト）、管理のシステム、およびその運用について、一つの普遍性や共通性を求め、まとめた技術体系のことである。コンサルタントは、この技術体系を経験に基づく知識として身につけ、企業別の経営上の課題解決のために活用する。そのため、多くのコンサルタントは自分の専門分野を持っており、それに必要な管理技術を研究し、身につけている。

私は主に、経営の課題解決、経営革新、長期経営計画・経営戦略、およびそれらに必要な役員・幹部教育等のトップ・マネジメントのための経営管理を専門としたコンサルティングを行ってきた。現在、経営管理のコンサルティング分野の重要性が高まっているが、これを管理技術として体系化することは大変難しく、遅れていると思う。経営学的な体系はあっても、経営実務に密着したトップ・マネジメントのためのコンサルティング技術としてまとめた管理技術は、ほとんど見当たらない。

私自身も三十五年間経営調査をやってきたが、経営は人間のつくった命も身体も差し替えられる怪物のような生きものであると達観した。生きものであるがゆえに、そこには個性があり、情と理と矛盾撞着の綾なすなかに、文化に貢献し天命に生きる経営体という概念にまで到達した。三十五年はその時間の長さでもあったと思う。

他のコンサルティング分野の管理技術とは違って、「個性ある経営づくり」「独創的経営づくり」を目指すことは、それを追い求める調査技術から生まれた所産であって、経営調査技術そのものだといえよう。

2　コンサルティング技術と調査技術

コンサルティングを進める際に行う調査技術は、その実施を通じて具体的な成果を出すためのプロセス技術だと考えられる。良い成果は良いプロセスから生まれることを思えば、この調査技術こそコンサルティングの生命線である。

以下、具体的な調査技術の概要を解説する。

①目的対象を確定する技術

依頼されたコンサルティングの内容を明確にすることが最初のステップである。依頼企業は、どういう問題意識で、何をどうしたいのか。その企業側の責任者は誰なのかなどを再確認することから始まる。

②本質に迫る診断技術

依頼された問題、課題を軸に、この企業をどう見るか。経営上の体質や特性は何か。そして真に求められている問題、課題の本質は何かをつかむための技術が必要だ。経営を企業の内と外から、さらに過去、現在、将来を通して全般的に調査し、当面する問題と近い将来の問題を経営的立場で分析する。

一般にインタビューや資料調査による現状分析に大半の時間を費やすが、すべてを調査することは時間的にも経済的にも許されない。そこで、重要だと思われるポイントを選んで調査するわけだが、そのポイントの選び方によって期間の長短や診断の優劣が決まる。問題の本質を見抜くには、コンサルタントの経験能力の差が歴然と表れることは否めない。ちなみに、我々が得られるデータは、あるときの、ある場合の結果でしかない。インタビューにしろ、現場調査にしろ、各種の資料分析にしろ、今までに積み上げた理論や仮説、時には実績に引きずられた色眼鏡で見ているかも知れない。そのことへの反省と矯正が診断技術上の重要な視点である。

実際、人間が素直に事実・情報・資料等を受け止めて判断することは、そう簡単なことではない。情報や「データ」を偏らず、ある関係によって組み上げていく過程のなかで本質らしきものが浮かび上がってくることを期待して進める調査態度が重要になる。

具体的には、「現状把握→現状の本質→問題の本質→本質的問題」といった連続したステップが必要である。これをその企業の経営者の立場を理解しながら、全般的問題、事業上の問題、管理上の問題といった区分でまとめあげていく。「全体と部分」「部分と部分」が有機的に繋がり、構造的に理解できると判断されたとき、企業の診断ができたといえる。こうした基本的な認識も努力も不足のまま、トップ経営者のためのコンサルティングを進めることは絶対に危険である。

難しい病気の治療法を開発しても、病人が何の病気であるかを診断し、その病気と病人の全人間的健康状態や、体質・体力との関連を診断し得ない医者を名医といえるであろうか。コンサルタントは、具体的な問題を解決し、課題を成し遂げるための臨床医だ。ローマ字略号表現による管理技術の氾濫と新しい管理技術の追随の歴史が、調査技術の軽視に通じ、その進歩を遅れさせているのではないだろうか。

③問題提起の技術とはアピール（訴える）技術

問題点や各種の課題を経営の立場から構造的に捉えて、問題の相互関連、脈絡、重点などを明確にし、問題を提起する。まず、第一に訴えるもの（結論）を明確にする。そのうえで、「話す」ではなく「訴える」のだ。第二に、なぜそうなるのかという思考過程と、それに関係する情報・データをわかりやすく説明する。第三に、相手企業の理解と反応を確かめ、必要な補足をして説得ないし納得を得る努力をする。

このときの説明内容や発表方法の構成を考えたり、報告書、要約報告書、説明要約書などの内容構成を検討したりすることも重要で、発表の技術が求められる。複数の資料があればどれを使って説明するのか、また理解を助けるためのビジュアル表現の工夫など、説明対象者や時間と時期、集まる人数規模を考えながら細部にわたって検討していくことが必要だ。

なお、そのときのコンサルタント側の態度としては、

- 説明内容について確信が持てること
- 目的に対して一本筋が通っていること
- 相手の立場に立つこと
- 相手の考えていることは検討済みであること
- 相手の考えなかったことにも検討を加えていること

が重要である。同時に、問題提起と発表の態度はコンサルタントの資質としての信頼感、誠実感、人間性と情熱の表れでもある。

④対策立案技術は実現性を重視

何が問題か、そしてその本質的理解ができれば、「ではどうする」という対策対応の立案に入る。企業でも一番関心があり、立場により利害も異なり、目的は共通でも、その対応はいろいろである。また、反対論等を取りまとめる作業は大変だが、それこそコンサルタントの腕の見せ所でもある。

具体的には、問題の本質的理解が不十分なときは、説明したからといって納得してもらえたわけではない。相手の理解度を把握し、丁寧な説明が求められる。診断や問題提起のプロセスに、どれだけ中間の情報を得て参画していたかは、問題の認識や理解に重要な関係がある以上に、結果に対する感情的嫌悪感に影響することも見逃せない。

また、かくあるべしとの革新性と、実施の可能性からする実現性との対立、さらには優先順序やリスク予測の食い違いなど、「本音と建前」「理と情」の綾なす議論の場となることもあるが実施できないものは提案ではない。

さらに、企業の特性や体質とともに対策の規模と重要性を考慮して、構想計画レベルから、個別の計画、手順計画に至るまで、対策立案をスムーズに進めるための技術が不慣れなことなどが考えられるが、これらはコンサルティング成果を左右する重要な技術である。

⑤実施移行技術はスムーズさを重視

問題の本質が認識され、その対応の構想ができ、具体的な対策が立案されたら、これをどういう手順で実施に移していくかという事前計画と実施計画を立案する作業に移る。まったくの新工場をつくったり、新会社のなかに新しい対応策を導入したりするのであればともかく、ほとんどの場合、現在の経営条件における現行の組織なり制度が、従来の考え方とやり方で進行している。これを止めずに移行するか、止めても最少期間で逐次移行するか。あるいは全体関連を考えて段階的に部分移行するか。いずれにしても顧客には移行のための迷惑は一切かけず、しかもスムーズに移行することが期待される。移行に先立って関係者の理解、教育、訓練や、場合によってはシミュレーションやリハーサルなど、細かい配慮が必要になる。

さらに、この移行計画を立案するときに、その実施責任者なり、移行後の管理責任者や関係者が自分のこととして参画しているかどうかが大切で、スタッフの先行・先制が行われないような配慮が必要である。しかしテーマによっては極秘裏に進めなければならなかったり、人事の決定が最後まで決まらなかったりと、具体的には苦労の多い技術である。

⑥定着化技術とは組織に体質化すること

一般に、移行計画どおりにスムーズにいくとは限らない。むしろ移行途中に修正が起こることもあるが、移行してしばらくたってから起こる問題の修正は非常に厄介である。これは対策案自体の詰めの甘さ、立案当時との条件の変化など、様々な原因が考えられるが、ここで一番重要なのは、対応・対策案の定着化なのか、成果を生み出す組織体質として定着させるのかの問題である。我々は対策を通じて、企業の対応力の向上についても期待されていることを認識する必要がある。

移行した新しい対策には、それなりの対応の考え方、システムとその運営のあり方が盛り込まれている。それを組織や関係者に浸透させるには、教育的な施策も欠かせない。ともに志立、成長する「共育」を徹底しなければならない。

⑦固有技術について

固有技術とは、コンサルタントのなかでも技術コンサルタント、コンサルティング・エンジニアとよばれる人々には不可欠のものである。一般に企業経営上必要な製品技術・製造技術・加工技術などの直接製品を設計・生産するために必要な技術から、多様な単体技術に至るまでの事業上の製品に直接・間接に関わる科学技術を指す。

経営コンサルタントは、この固有技術の専門家ではないが、企業内の、固有技術についてマネジメント上の立場からインタビューする能力、資料・データの意味を理解する能力は持たなければならない。もし、これらの理解力がなければ、製品の分析も、生産プロセスの分析も、生産性の理解も、十分にはできないだろう。しかし、最近の製品や事業の多品種多様化やコンピューターと通信ネットワークの急速な進歩がもたらすマネジメントの革新、固有技術の理解なしにはマネジメントが難しくなってきている。この急速な進展拡大は、経営コンサルタントの仕事のうえでも重要な変化が到来していることを意味しており、コンサルタント自身のアップ・グレードが求められる。

私自身も三十五年間、経営調査に関わってきたが、それは、経営とは何かというコンセプトを追い求めてきた歴史でもある。そして、その中核を担ったのが経営調査なのである。

四　インタビュー調査

1　インタビューはヒアリングではない

経営調査は、管理技術として体系化することが難しい。最終的に提案され、実施に移された形は、企業によりそれぞれ異なる。まさに個性的な対応であり、戦略であり、「経営づくり」なのである。しかし、コンサルティングの世界では、その企業の個性ある「独創的な経営」とは何かを追求するためのいくつかの共通の調査手順や分析手法がある。とりわけ、インタビュー技術は、経営調査の成否に重要な影響を与えるもので、経営調査をするコンサルタント能力の重要な部分を占める。

たとえば、先に挙げた七つの調査技術における第一番目の目的対象を明確にする行為は、経営幹部によって意見や表現の形が異なる。また、背景にある問題認識や理解程度も異なっていることが多い。これを、アンケートによって調べ、整理したとしても、企業の真の問題発見には繋がらない。企業の主要なキーマンの心のなかに飛び込み、一人ひとりが何に悩み、何を重要だと考え、どうありたいと思っているのかを相手の立場で理解することが重要なのだ。その意味で、インタビュー調査は単なるヒアリングではないことを肝に銘じる必要がある。

また、経営幹部からどう話してもらえるかは、コンサルタントに対する信頼感の程度によって決まる。そして、インタビューを通じて得られるものは、一方的なヒアリングの所作では得られない両者の共同の所作によって創出されるものである。ただし、インタビューを通じて得られるものは、事実もあれば願望もある。また意見もあれば疑問もあるが、重要なのはこれらの情報を通して、相手を正しく理解することである。そのためには、この人にならば意見を述べる価値がある、と思われることが大事であり、これは単に事実を述べるよりはるかに難しいことなのである。

「この人なら意見を述べる価値あり」と思われるには、

- ・意見は正しく上司に通ずる
- ・客観的に判断評価してもらえる
- ・意見はこの問題解決に役立てられる
- ・意見が自分の不利には利用されない

といった信頼感を相手から勝ち取ることが重要である。倫理職業としてのコンサルタントの自覚が、信頼と誠実と情熱という態度行動になって表れたとき、相手に通ずると考えればよい。

2　インタビューに先立って

インタビューを受けるということは、否応なく相手に不安を与える。インタビューするコンサルタント側にしても、相手企業の内容や組織制度や、初めて会う人についてはほとんど理解していないので、インタビューに先立って、いくつかのことは事前に調査・見聞しておく必要がある。その主なものは次のとおりである。

①インタビューの趣旨説明

コンサルティングを開始する際、幹部に調査計画などを説明する機会があれば、インタビューの目的・趣旨、やり方、聞きたいことなどを説明しておく。そのうえで、気楽に話してもらえるように、資料などの準備は不要であること、自分の意見を自由に話してもらっていいことを、トップから口添えしてもらうよう依頼する。

②インタビュー計画を立てる

インタビュー対象者を決め、一日四人から五人を目安に、一対一のインタビューをする旨を伝える。その際、相手の都合等も考えて時間割を立案し、連絡する。対象者については事前に入社・学歴・職歴など一般的な人事情報や特徴について、人事担当者から聞いておく。

③企業概況の理解

過去三年ないし五年間程度の財務諸表や営業報告書、業界資料を入手するとともに、企業内資料として生産資料や組織構成、人員構成とその推移、その他企業概況の理解に必要な資料をあらかじめ聞き込み、理解しておく。

④インタビュー項目を計画する

対象者共通に知りたい事項と、対象者固有に聞きたい事項をあらかじめ質問事項としてまとめておく。ただし、インタビューは調査ではなく、対話する、意見を聞く、相互に理解し合うものである。話題の順序については、対象者一人ひとりの立場を考えて、話しやすいことから重要話題へと進める。その過程で、相互の理解と信頼を深めていくことが重要である。

3 インタビューは信頼感が基本

前述したように、インタビューの成否は「相手に信頼される」かどうかにかかっている。この人は信頼するに足る人である、と認められるかどうかは人間的な倫理的な側面はもちろんだが、意見を述べた際に、その評価能力があるかどうかもポイントになる。評価能力のない人に本当の意見を述べる気にはなれない。

その評価能力を相手にわかってもらうためには、インタビュー中に自分の意見を述べることが手っ取り早いが、これは両刃の剣で、そのタイミングや方法を間違うと、相手を委縮させてしまい、自由な意見を封じ込めてしまう心配や意見に同調してしまう恐れ、活発な意見が得られたとしても、こちらの意見に影響される心配など、逆効果になる。

インタビューとは、相手の意見を通じて自分の理解を深めることだ。理解して初めて相手の意見がわかるという関係の認識が重要なのだ。したがって、相手に意見を言うときには、次の点に注意することが大事である。

①相手の意見に反対だと思った場合

相手の意見の背景を十分理解し、相手の立場に立って、なぜそのような意見を持つのかを考える。信頼を裏切るような結果にならないよう、自分の意見は不確定な意見として伝える方がよい。

②相手と同じ意見を持った場合

認識の背景とともに、同じ立場の意見であることを相手に知らせるよう対話する。ただし、あまり確定的な表現は控えめにした方がよい。

③聞きたいこと（当面の問題）と強い関係がなくても、相手に共感する意見の場合

共感する意見は言った方がよいが、問題はそのテーマの選択である。当面の問題と無関係なテーマや、そのテーマ自体に明確な見識を持っていない場合は、かえって信頼を裏切ることになってしまう。

なお、相手に対して意見を言うことは、相手と意見を闘わすことではないという認識を持っておいた方がよい。自分の意見を述べるのは、相手との相互信頼を醸成し、経営課題達成のために連帯し、積極的なアイデアと行動を助長するためのもので、相手に意見を聞いてもらいたいと期待されるような信頼関係をつくることが必要なのだ。

4 インタビューは真剣勝負

コンサルティングの仕事の基本は相互信頼であり、インタビューはコンサルタントが企業側の関係者と相互に理解し合い、信頼関係を築く第一歩である。幸いにして一対一で、共通の問題解決や課題達成のために意見を話し合い、対応を追い求めようとする場が設けられたら、そこは真剣勝負であると認識をする必要がある。殊に対象者が知識、見識、経験、人格とも自分より優れている幹部や、経営者へのインタビューでは、技術やテクニックで勝負しようとは思わないことが大切だ。相手が進んで自身の意見を述べてくれるように、赤裸々な自分をさらけ出して相手の心のなかに飛び込んでいくしかない。

具体的には、次の三つを持って相手に臨みたい。

第一は情熱で、あくまでも問題の真髄を求めて、最善の対応を創案しようとする情熱が相手に伝われば必ず応えてくれる。第二は誠意である。我々のやろうとしているコンサルティングは、一部の個人のためではなく、あくまでも企業のため、従業員のため、社会のためのものである。そのことに一点の邪念もない誠意が相手に伝わることが必要だ。第三は相手の立場になって考えていることが、きちんと相手に通じること。これは相手に迎合したり、相手の言うことを鵜呑みにしたりすることではない。真摯に相手を理解しようとする姿勢が重要になる。

インタビューは相手個人にとって、プラスになっても不利になることはない。インタビューをしてよかった、進んで自分の意見を聞いてもらいたい、相談したいと相手に思われるようになることが、相手に通じたかどうかを判断する基準になる。

なお、インタビューのインターとは、国際や業際、学際などといわれるように、お互いの壁を取り払って通い合っている状態を言い、インタビューとは、お互いの心の壁が取り払われ、意見や見識が通い合っている状態を指す。一方的な意見の押しつけや、自分の聞きたいことだけをヒアリング（聞き込み）することではないことを肝に銘じたい。

5 インタビューは経営調査の鍵

経営調査で行う市場調査や現場調査などの分析結果は、過去を示すもので、過去の蓄積としての現在を知るものである。これに対してインタビューは、さらなる考察を深めるもので、経営の実態的把握から本質的理解、さらには今後の対応へと進む契機となる。

たとえば、製品を分析した結果から経営の命を解明するためには、その製品が生まれたときから現在までの歴史を理解するためのインタビューが必要になる。場合によっては、インタビューから得た結果を各種の調査分析資料で補足したり、裏付けたりする場合もある。また、組織化の実態や組織上の問題点、さらには企業に対する社員の帰属意識、仕事や組織に対する不平不満などの状況把握にインタビューは非常に有効である。

ただし、インタビューで得た情報や事実は、過去のものであり、今後に対する期待や願望である。その意味では主観と客観とが混在したものだといえるが、これを経営全体としての問題や課題に置き換えるには、経営者や幹部の理解と相互信頼関係が求められる。

「経営は人なり、事業は人なり」。インタビューによって、経営管理上の主要な人々の問題や課題に対する理解や認識、さらには行動態度、知識能力に至るまで、一人ひとりの個性とともに理解できる。その意味で、インタビュー技術は経営調査の鍵を握るものであり、この技術を身につけるにはコンサルタントとしての自覚と長い間の修練、倫理感、人間性の修業が必要だ。そして努力し、マスターする過程に「経営とは生きものである」という実感を深めることになる。

経営とは情と理と矛盾撞着が綾なす中に、矛盾を乗り越え統合しながら外部環境に順応し、内部環境に適応して成長し生きて行く奇異な生きものなのである。

第七章

コンサルティングとＫＪ法

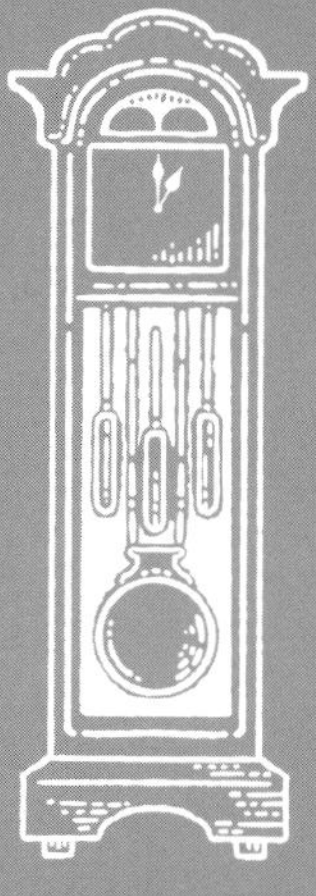

一　ＫＪ法の思想を経営に

1　経営に生かしたいＫＪ法とは

ＫＪ法は、文化人類学者の川喜田二郎氏によって開発された手法である。村落の一見バラバラな観察・インタビューなどで得た様々なデータをカードにメモする。それぞれが訴えてくる声を聞いて近いもの同士を寄せ合い、まとめ上げ、図解に仕上げる方法だ。ＫＪ

法の名の由来は、同氏の姓名の頭文字をとったものだ。

これまでの実験結果の分析や、文献から得られた知識の分類にはそれなりの科学的方法はあった。しかし、「野外」から得られた一見まとめようもない異質のデータを構造的に組み立て、統合することによって新しい意味を発見する方法はなかったといえる。ＫＪ法は、数多くの異質のデータを統合することで、新しい認識や発想を得る「創造の技法」である。また多くの人々の意見や気持ちを、その個性のままに捉え、一つも捨てることなく統合することでシナジー効果を生み出す「組織化の技法」としても、他に類例のない技法だと考える。

ＫＪ法を初めて知ったのは、日本能率協会主催のＫＪ法の実習コースが開かれたときで、セミナー担当者から「岡田さん、見にきてください」とよばれたときだった。ちょうど、セミナーの締めくくりのタイミングで、川喜田二郎氏がまとめの話をされていたのだが、川喜田氏の話を聞いて私は雷に打たれたようなショックを受けた。

実は、ＫＪ法の作業過程は、私がコンサルタントとして会社に入り、観察、インタビュー、資料調査をして得たデータを頭のなかで発酵させて、問題点を指摘し、対策・立案を立てるのと極似していた。

ＫＪ法を知らなかった私は、その発想やノウハウを後輩たちにうまく伝えられなくて悩んでいた。後輩は、「岡田さんの天才的なインスピレーションだ」「真似ができない」と言ってくれてはいたが、言葉で称賛を受けても人に伝わらなければ意味がない。私は、ＫＪ法と出会い、「そうだ、これだ、このＫＪ法をみんながマスターすれば、私のノウハウを伝授できる」と欣喜《きんき》雀躍《じゃくやく》した。川喜田氏と引き合わせてくれたセミナー担当者に、「今までの君の数々の失態はすべて帳消しにする」とお礼を言った。

その後、そのセミナー担当者の努力で日本能率協会にＫＪ法事務局ができ、公開セミナー、社内教育など普及活動を展開した。ＫＪ法の特色として忘れてはならないことは、それが単なる技法ではなく、「自我意識を脱ぎ捨てる」「相手の身になる」「すべてを活かす」という態度を身につけさせる方法であることだ。この方法で修業することによって、自己中心的な物の見方、考え方をなくし、外からあらゆるものを受け入れようという開かれた精神を体得できる。セミナー講師を務める経営コンサルタント数名とＫＪ法研究会を毎月開き、ＫＪ法の思想的背景、なかでも仏法について学ぶ機会を設けた。

私は、日本の経営が大きな転換をせまられている今こそ、ＫＪ法の持つ特色を経営に活かすことが大切だと信じている。ＫＪ法を単に、「カードをつくり、それを集めて図解にする方法」として受け止めるのは大きな間違いであり、損失である。ＫＪ法が産声を上げたのは、一九五一（昭和二十六）年、戦後まもなくのことである。当時、川喜田二郎氏は大阪市立大学で地理学の教鞭をとっていた。奈良県教育委員会の依頼で、近畿地方の学者が思い思いにフィールドワークに行った際に、川喜田氏は都介野村（現・奈良市）に入り、ＫＪ法の原型を形成する。

以下は、「ＫＪ法の原点と核心を語る」というインタビュー記事の抜粋である。自然児であるＫＪ法の産声を聞くことができる。

川喜田　それを私は戦後まもなく、１９４６年にはつくった。図書カード、あれにフィールドワークでやった定性的データを書くことをやりだした。書くなら書き方のルールを決めにゃいかん。それでそのフォームを考え抜いてつくったんです。本文の一番広いところにね、ひとかたまりのデータを書く。そうしてそのデータは要するに何をいいたいのかという要点のイメージを上に一行見出しをつくって書いた。

やまだ　ああー、すでにもうそのときに一行見出しができたんですね。

川喜田 そのときに一行見出しとか一行サマリーとかいうてたんです。さらにそのカードの下に、時と所と、出所と作成者の名前を書くようにしたんです。

（中略）

そんでね、何でも簡単にしてね、日付をインデックスにしておしまいにすることなんか多いけども、それを後に次第に経験によって直していった。何々は何々である式にね、たとえ短くてもね文章にする。名詞形ではあかん。それで一つの見出しが一つのことをダイナミックに訴えるというように。

やまだ そこが最初におっしゃった命というか「生き物」とつながるのですね。

川喜田 関係する。

やまだ 植物を採集するときに死んだ標本をつくるのじゃないというのと同じように、生きた言葉、それを生きたエッセンスにする。

川喜田 そのとおり！ それで、都介野《つげの》の村の話に戻ります。都介野の村で自分で採集してきたデータ、数十枚あったでしょうね。

（中略）

それを自宅へもってきてカルタのように大机の上へ広げたんです。順番なんかめちゃめちゃ。それを左端の行の一番上から一つずつ味わって読んでいったんです。よく読んだら次のカードに移る、また読んだら次へ、読んでいったんです。一回読んだときにはもう何がなんだか自分で書きながらわからんのです。もう、ごっちゃだから。頭の中もごっちゃになってる。ところが、2回、3回、4回目、4、5回目くらいになると違ってくるんです。どう違うのかというとね、カード見てるとね、まるでもうひとりの人間が訴えてくるのと同じだね。あっ、君と非常によく似たことを訴えている友達が確かどっかにいたと。それで紹介してやろうと、こういう気持ちになる。そしたら、このカルタとりの中で、アピールする内容の近いものばかり集めたんです。あちらこちらに集まるんですよ。2枚とか3枚とか、まれに4枚とか。そうすると、隙間ができるわけですな、だいぶ。で、一段目がこうしてまとまった、そのときにごく自然にさ、こういうことがおこった。ここにある3枚の、えらい近いことを訴えてるのはね、何を訴えてるんだろう。それで、その3枚の訴えのカードを、生きた人間が3人いると思ったらいいんです。そうすると要するに君たち3人が言いたいのはこういうことだろうと。それをまた別のカードに赤ペンかなんかもってきて書いた。そして一番上に重ねたんです。で、クリップかなんかで挟んだ。

やまだ カードはB6の形のままで、重ねたんですか。

川喜田 そうそう。ほんで、全部やったら、数十枚あった単位が減るわけですよね。目減りする。そしたらね、2回目やったらいいわけですわ。そしたらまた束が重なってくる。今度はクリップでなく確か輪ゴム使ったですわ。3回目も輪ゴム。どこまでいったらしまいになるのか？ 数束になるまでやればいいんです。いくら多くても10束以内。そのときに私はものすごくうれしかった思い出があるんです。何がうれしかったか。これで何が何かわからんという状態から脱せられると。それで何が何かわからん状態の時に、すぐ私はね、荘子のことを思い出したの。中国の戦国時代の。荘子が渾沌《こんとん》と戦った話があった。やっぱりそこは、京大の史学科（地理学は文学部史学科）にいたことは無駄ではなかった。これは渾沌だ。荘子の悩みの出発点と同じだと。しかし、同時にものすごくうれしかったのはね、その渾沌は今や、越える方法がありそうだということですな。最初は何十かに束ねたでしょ。それが数束くらいになると、全体の意味がつかめる。結局人間というのは、数束までになったらね、全体がこう見えてくるんです。

やまだ　荘子の渾沌の話というのは、渾沌という名前の人がいて、その人は目も耳も持たないのでかわいそうだから認識の穴をあけてあげようという話なのですね。認識の穴をあけると見えるようになるけれど、生きた身体が分割されてしまうから、かんじんの渾沌は死んでしまうわけですね。だから、川喜田先生の方法は、「渾沌をして語らしめよ」。渾沌を殺さないで、どうしたら創造的総合ができるか。しかも、ぐちゃぐちゃの渾沌そのままではなく、「語らしめる」。

（中略）

川喜田　渾沌をして語ってもらう。そしたらちゃんとまとまるようになる。これがＫＪ法の最初の始まりですよ。材料が語ってくれるんですね。こっちが生意気にもね、材料を征服するとか支配するとかね傲慢なことを考えるのは大間違いですよ。材料が渾沌を語ってくれる、それに素直に従うべきだというのです。

引用文献
やまだようこ「川喜田二郎さんインタビュー：ＫＪ法の原点と核心を語る」『ナラティヴ研究：語りの共同生成（やまだようこ著作集第五巻）』（三一‐五三頁）、新曜社、二〇二一年

私はコンサルタントとして、経営とは何かを捉えようとしてきた。ある事柄の原因は何なのか、あるいは、これからどうなっていくのか、ということを考えるとき、様々の要素が絡み合い、単純な因果関係では割り切れない。現在の予測技術として、多変量解析とか因子分析という方法もあるが、これらも因縁果の関係を解き明かすにはほど遠い。私は資料や観察、インタビューから得た多くのデータを、頭のなかで組み立てたり、崩したりしながら、自分自身で納得のいく、いわば「腑に落ちる」まで、相互の関係を考え抜くのを常としていた。

このような経営調査だと、私についてきた後輩は、私が何をやっているのか理解できなかったに違いない。インタビュー調査と資料調査、観察調査が終わったあと、私はブツブツとひとり言を言いながら、データの組み立て作業を頭のなかでやっていたのだ。それを見て、ある後輩は「また岡田さんの発酵が始まった」と表現したが、それは米から酒をつくるように、ブツブツと訳のわからぬことを言いながら、ある日、報告すべき話がまとまるのを評してのことだ。

川喜田二郎氏のＫＪ法に触れて、私がハッとしたのは、まさに私の頭のなかにおける「発酵」過程がＫＪ法とほとんど一致していたからだ。ＫＪ法の図解というのは、因縁果の関係を探り、それを図に表現するものだと思う。元データの段階では、個々のデータの因縁関係はまったくわからない。それを「カード集め」「表札づくり」というステップで、同じ心を持つものを寄せていく。ある段階で、データの束の数が全体の因縁関係が読める数（これを川喜田氏は十個以内という）になったら空間に配置する。それから、一度束にしたデータを解きほぐし、バラバラにしていく。すべてのデータを一枚ずつにバラし、貼りつけ、枠取りし、記号線で結びつけて出来上がった図解（図９）では、最初はまったくわからなかったデータの因縁関係が一望のもとに明らかにされる。これは、まさにデータによって仏法でいう「空」の世界を描き出す方法だという印象を強烈に受けた。

日蓮は、曼荼羅は功徳聚（功徳が集まったもの）、輪円具足（すべてのものを網羅しており欠けるところがない）と言っているが、KJ法の図解も曼荼羅を表す作業といえる。図解が成功した場合には、「本質」というべきものが浮かび上がってくる。現状分析の図解が「本質」に迫ったとき「対策」が自然と生まれてくるのである。

仏法でいう「諸法無我」（すべては繋がりのなかで変化している）とは、すべてのものは因縁によって出来上がっていること。また、永遠に変わらない「我」というものを持っていないということをいう。一つの物事には常に変化するきっかけがあり、思わぬ変化の原因となる可能性が誰にでもある。誰もがすべてのきっかけとして生かされているといってもいい。

また諸法実相の「諸法」とは、この現実世界において、様々な様相をとって現れている。すべての現象・物事のことである。「実相」とは、真実の姿、究極の真理のことで、諸法と実相とは別々のものではない。諸法はそのまま実相の現れであり、実相もまた決して諸法から離れてあるものではないが、諸法であるデータから実相という本質を読み解くのがKJ法だと考える。

図解について、再びインタビュー記事から、川喜田二郎氏の話しを見てみよう。

やまだ　話はちょっと変わるのですけど。ＫＪ法のなかで、さきほど創造的総合するのにカード化するというお話をお聞きしたのですけども、もう一つ図解化が先生の方法論のなかで、すごくオリジナルなものだと思うんですよね。

川喜田　自分でつくった図解をちょうど持ってきてますわ。（ご自身の図解をカバンから取り出して机の上に広げられる。）

やまだ　先生がご自身でつくられた図解っていうのは、これですか！すごい価値がありますね。

川喜田　まあ、私がつくったのは、７００数十枚あるんですよ。これはわたしが筑波大学の最終講義用につくったもの。ここに日付１９８２年の2月16日、筑波の私の家、つくったのは川喜田と書いてあります。ぱっと印象的にわかるように、字でなくても絵を描いてもいいんです。シンボルマークを入れてあるのは誰でもわかりやすくするため。

（中略）

川喜田　説明するときはシンボルマークがあると非常にわかりがいいんです。どんなに複雑な問題でも、人に説明するときにはこのシンボルマークがあるおかげで、実に要領、要点がわかる。できてから見てみると、うーん、ここが渦巻いている感じがする（笑）。だから赤で渦巻きを描いた。ここにね、はとぽっぽが鳴いてるような感じがしたらね、鳩の絵かいといたらいいんです。

（中略）

川喜田　つまり情念的に訴えることを大切にした方がいい。そのほうがかえって自分を欺かないんですよ。理屈だけね、ほじくってると、自ら欺くという危険性が増えるんです。

引用文献
やまだようこ「川喜田二郎さんインタビュー：KJ法の原点と核心を語る」『ナラティヴ研究：語りの共同生成（やまだようこ著作集第五巻）』（三一－五三頁）、新曜社、二〇二一年

図８　自筆で書き留めた「ＫＪ法とは何か」

KJ法とは何か

1. 関係のある総ての人々が問題の解決に参画することを可能にする技法である

2. 関係する総ての人々を組織化する技法である

3. 発想，創造の技法である

4. 問題の本質を追求する技法である

5. "理念と情念"を統合する"生きもの"を対象とする技法である

6. 五体五感を総動員して問題に取組む魅力と喜びを実感出来る技法である

7. 底に流れる思想と哲学が"生きもの"である経営にそのまゝ一致する技法である

8. 関係する総べての人々を「自由，平等，愛」の精神で結ぶ技法である

9 そのプロセスやステップの組み合せの中にやる人の心を躍動させるリズムを持った手法である

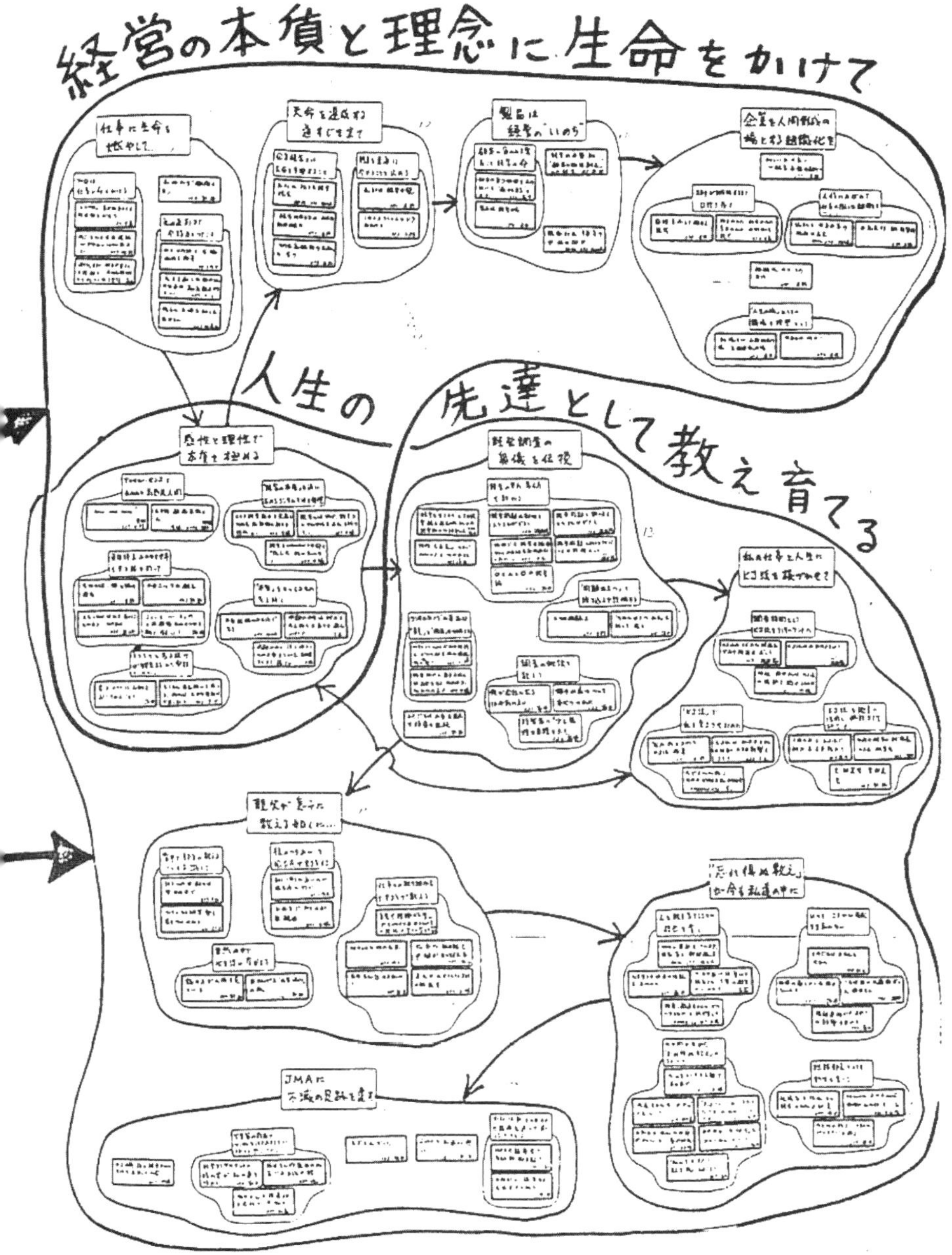

経営の本質と理念に生命をかけて
人生の先達として教え育てる
製品は経営の"いのち"
「忘れ得ぬ教え」が今も私達の中に
JMAに

図9　KJ法の図解例

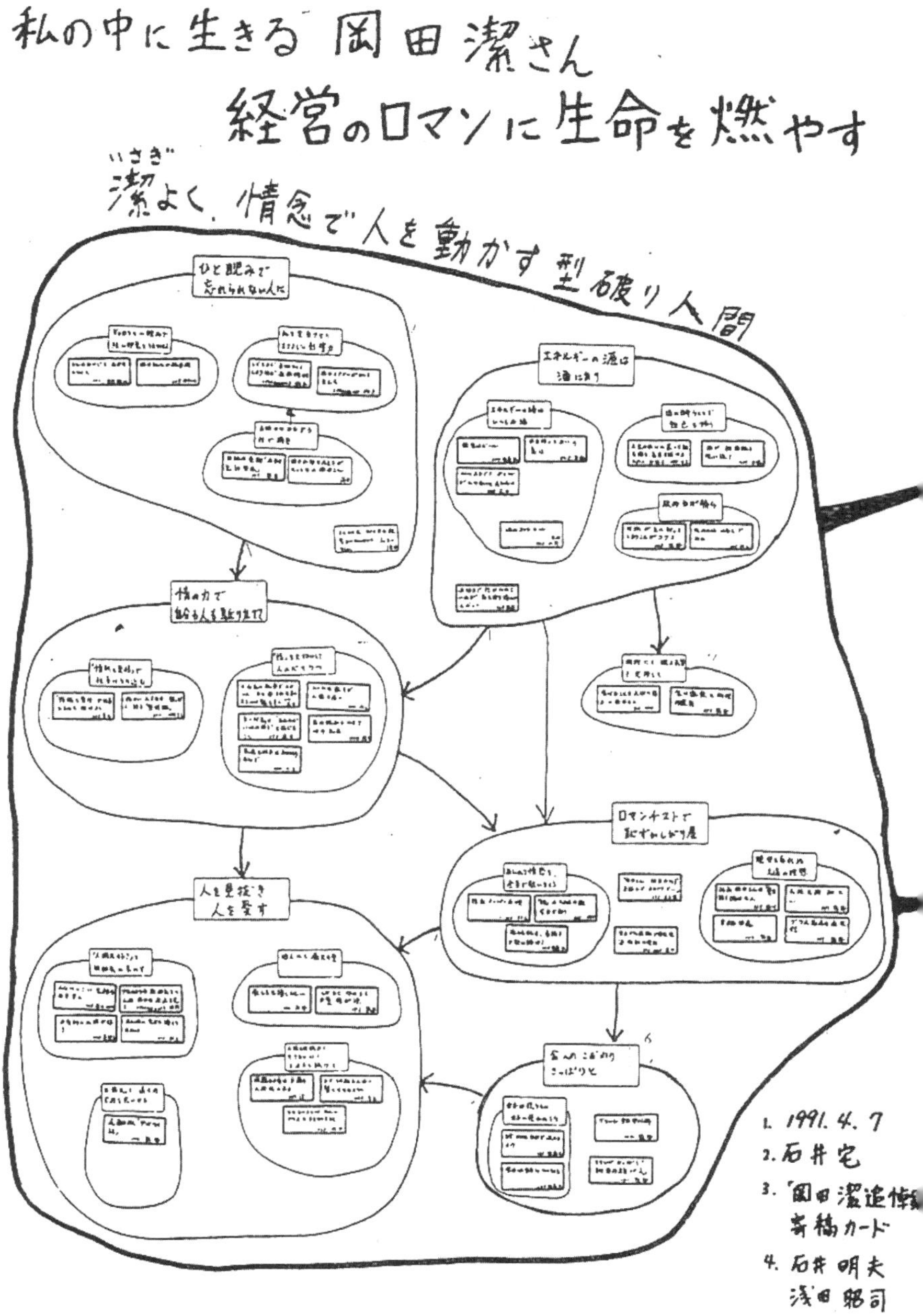
私の中に生きる 岡田潔さん
経営のロマンに生命を燃やす
潔《いさぎ》よく、情念で人を動かす型破り人間
ひと睨みで忘れられない人だ
エネルギーの源は酒にあり
人を見抜き人を愛す
1. 1991. 4. 7
2. 石井宅
3. 「岡田潔追悼録」寄稿カード
4. 石井 明夫
浅田 昭司

問題の本質を把握するには、図解化して全体と個の関係をつかむのが良いという川喜田二郎氏の話は、仏法の曼陀羅にも相通ずるものがある。

2 経営幹部が直面する二つの試練とKJ法

KJ法によって、自己中心的なモノの見方、考え方から脱皮することが、今ほど大切な時はない。それは、現在の日本の経営幹部が事業面と管理面で大きな課題に直面しているからだ。事業面の試練というのは、国内市場はもとより海外市場においても需要の拡大は望めず、発展途上国を含めた国際競争の激化、あるいは業際間競争の激化のなかで、生き残りをかけた厳しい戦いが展開されていることである。すべての企業や業界が、自己の固有の市場と思っていた領域に、他国の企業、他業界の企業が参入してくるという時代に入っている。

そのような競争状態のなかで、他社を模倣しながら拡大していくやり方は許されない。自社固有の知恵を発揮して他社にない特色を生み出し、それを顧客に認めてもらうしか方法はない。「独創的な創造」ということが、事業上の競争に生き残る鍵となっている。経営幹部は、この鍵を手に入れるため、かつて経験したことのない「個性的な想像力」の発揮を求められている。その力は、成功した創業者ならではの天賦の才かもしれないが、それが天才ではない経営幹部にも求められている。それに応えるには、衆知を結集して新しい発想を生みだす方法に頼るのが早道だ。私がＫＪ法を薦める第一の理由はここにある。集団天才を生み出すかっこうの技法でもある。

経営幹部が直面する管理上の試練というのは、既存の権威の崩壊である。昔から日本では、年寄りは偉いとされる家族主義的な思想が根強く続いてきた。それが経営のなかでも「年功序列」という形で存在し、長く勤めれば監督職、管理職、役員という出世ができるという秩序があった。家族主義は、まず核家族化によって崩壊し、父親の権威は地に堕ち、その波は経営における年功序列をも押し流しつつある。外部からは厳しい事業環境が、内部からは新しい世代が年功序列の崩壊を促している。「俺は経営幹部だ。命令をきけ」などと言っても「頭の古いオヤジが何を言っている」と言われるのがおちだ。既存権威に頼るのではなく、「人間とは何か」という原点に立ち返って、自分と相手を見つめ直し、力を統合する健康組織を生み出すことが求められる。経営幹部として生き残るには、そのような組織化する力を身につけるしかない。これが、「組織化の技法」であるＫＪ法を薦める第二の理由でもある。

経営幹部は、事業面と管理面の二つの試練に立ち向い、チームの総力を結集して、これを乗り越えていかねばならない。そのとき、経営幹部に必要な「仕事をやり遂げる能力」は三つあり、KJ法はこの三つの力を磨き上げる方法でもある。

「経営幹部に要求される三つの能力」とは第一が、「問題の本質を見抜く力」であり、第二の能力は、「正しい手順を踏む能力と勇気」であり、第三の能力は、「組織化能力」だ。

以上の三つの能力を経営幹部が体得するには、KJ法が一番の早道ではないかと私は信じている。

3　コンサルティングにおけるKJ法体験

私は、会社を良くするためにKJ法を導入すべきだと考え、それを実践してきた。

ある会社の話だが、三年前に課長が部長に対して新製品開発の提案をしたが、即座にボツにされた。ところが、最近この課長と部長が一緒にKJ法をやったことがきっかけで、部長から「おい、三年前に君が言っていたあれ、やってみようじゃないか」という話が出た。それは、三年前の提案が良いものだったことに気づいたというよりも「よく考えもしないでボツにしてゴメンよ」というのが部長の本音の気持ちであった。ＫＪ法という場では、人と人とが互いの立場へのこだわりを忘れ、心と心で触れ合うことができる。部長がこう言ってくれれば、課長もとてもうれしい。こういうことが砂漠のような今の組織のなかに、人間としての愛情のこもったオアシスの場をつくり出していくと思われる。

Ａ社がＢ社を吸収合併した直後、両者の課長を一つのチームにまとめて、トランプＫＪ法（ソニーの元常務取締役の小林茂氏が提唱したチームによるＫＪ法）を実施したことがある。初めのうちは、なんとなくぎこちない話しぶりであったが、カードを使って話し合いをするうちに、すっかりうちとけて仲良くなった。仲良くなるというのは、ニコニコし合うという表面的なものではない。「Ｂ社でもこの工程の品質管理ではそんな苦労をしていたのですか。実は我が社でもこの工程での不良率には泣かされましてね」「いやあ、そうだったのですか。あなたの会社では、こんな問題はとっくに卒業しているのではないかと、随分焦りましたよ」というように、お互いに認め合う会話が生まれることが大事だ。数週間前までは競合として張り合い、合併後もわだかまりが残っていたのに、短時間で親密な話ができたのはＫＪ法独特の効果であろう。これが、ＫＪ法が「組織化技法」といわれるゆえんでもある。

会社を変革していくコンサルタントの仕事には二つの課題がある。一つは、会社の風土や雰囲気といったものを変革すること。たとえば、今の例のように、部課長間や、課長同士が親密な話ができるようになる、ということもその一つだ。私の理想とするのは、トップだけが志を持っていて、あとの従業員はその志を実現する手段として雇われている、という状態の会社がこの世からなくなること。そして、従業員（社長も含めてその企業で仕事をするすべての人）が、それぞれ志を持った主役でありながら、全体が一つにまとまって、大きな仕事をやり遂げていく会社になることだ。この理想の実現には、ＫＪ法を実践してもらうことがおおいに役立つと信じている。

二つめの課題は、会社の事業を変革すること。私のコンサルティング経験のなかでこんな例がある。それは、夢の工場建設にストップをかけたときのことだ。会社の人たちは、受注の拡大と競合他社の新工場建設という動きに対応すべく、最新鋭の機械装置を備えた工場建設に熱中していたが、私は二十日間の市場調査の結果、「中止」を提言した。

私は、この会社の代理店、問屋、小売店を訪問インタビューし、消費者の食生活の変化と消費動向、競合他社の販売活動や価格政策、流通在庫や量販店の食品販売政策など、市場に関する生の情報を収集した。それをカードにし、ＫＪ法図解にまとめた。すると、この製品に対する総需要の伸びは完全に止まっているなかで、大手メーカーが群小メーカーを圧迫しながらシェアを拡大しつつある状況がハッキリと浮び上がってきた。この状況のなかで、大手メーカーが新工場を建設すれば、過剰設備になることは火を見るより明らかだ。今は夢の工場建設どころではない。乱売競争に備え、徹底したコスト・ダウンと販売力強化こそ急務だ。私はＫＪ法図解を示しながら、社長にこう説明した。社長は食い入るように図解を見つめ、私に問いただし「夢の工場建設は中止」を決断してくれた。この決断が、業界内での優位を獲得する契機にもなったのだ。

この例のように、事業上の問題については寸刻を争う意思決定が勝負を分ける。トップの意思決定のための情報収集と、その分析にはＫＪ法が役に立つ。ただし、意思決定そのものについては、衆知を集めＫＪ法を実施するわけにはいかない。トップの責任で決断すべきことがらである。

ソニーの元常務取締役小林茂氏がその著『志』のなかで述べているように、経営者は「よく人の言うことを聞くワンマン」でなければならない。このワンマンの決定を社員がどう受け止めるかは、会社の課題の風土や雰囲気づくりがものをいう。全従業員が一体となって仕事に当たる体制、そしてそこに浸透している信頼感があれば、ワンマンの決定に反発する者は一人も出ないはずだ。

4 経営にＫＪ法を根づかせる

私たちはＫＪ法の研修会を何回となく開催した。いわゆる公開コースのほかに、社内教育も数を重ねた。このＫＪ法研修の講師としての体験から、私は次のような考えを持っている。

まず、ＫＪ法との最初の出会い方が、決定的な意味を持つ。ＫＪ法を習っても、それがすぐ消えてしまう人と、その人の生き方に根をおろしていく人がいる。前者は「なかなか良い方法だ」と技法としては感心しても、あくまでも技法としてしか使わない。後者は、「解き放たれる思いがする」「殻が脱げた」「世界が急に開けてきた」というような、いわば人間革命ともよぶべき衝撃を受けた人たちだ。私たちが望むのは、無論、後者なのだが、そのためには二つの条件が必要である。第一の条件は、ＫＪ法との最初の出会いの演出を工夫すること。第二の条件は、講師が「本物のＫＪ法的人間」であることだ。

将棋の棋士や宗教家、お花の師匠などそれぞれ自分の道をひたすら歩んでいる人に会うと、「この人は本物だ」と感じるときがある。一方、仕事はできるのだが、どうもピタッとこない人がいる。そんなことが度重なると、本当の道を歩いている人には共通の何かがあるような気がしてならない。職業というものは、それ自身が人間を鍛えあげていくときに初めて「本物」になるといえるのではないか。現代では、仕事で人間を鍛えることを忘れ、ＨＯＷ ＴＯだけを教えるので、「本物」が少なくなっている気がする。ＫＪ法は、そういうＨＯＷ ＴＯとしてではなく、人間を鍛える、ある意味道具である。

私がＫＪ法との出会いで感銘を受けたのには、川喜田二郎氏個人の魅力というものが随分影響しているように思う。その魅力はユニークで、豊かな表現力があるというよりは、「本物のＫＪ法的人間」であることによる。仕事で自分を鍛えあげ、しかも豊かな表現力を備えた人こそが「ＫＪ法的人間」であり、そんな人が、ＫＪ法との最初の出会いに、人間革命をもたらすことができるのだと思う。

しかし、今のような研修会のやり方では、ＫＪ法を経営に根づかせることは百年河清を待つに等しい。研修会の時には、心から語り合い、相手を思いやり、涙を流して感動しても、それぞれの会社や職場に帰ればもとの木阿弥というケースが多いのではないか。ＫＪ法が経営者に対して紹介されてから、すでに随分年月が経過しているのに、私の理想とするような会社の変革は起こっていない。これは、ＫＪ法の広め方に問題があるのだと思う。

本当に経営の変革に繋がるようにＫＪ法を根づかせるためには、会社のなかに三種類の人をつくる必要がある。

その第一は、プロモーターというべき人だ。これは、経営者の中で、ＫＪ法の思想に共鳴し、今後の経営にとってＫＪ法の導入が大切だと考える人である。この人が、自分の会社にＫＪ法を根づかせようと決意し、カネと人を動かしてくれない限り経営のなかにＫＪ法を根づかせることは不可能だ。

第二は、ＫＪ法を経営の現場で現実の問題解決の道具として使い、その使い方を皆に教えることのできるリーダーだ。これは中間幹部であり、将来は経営者になる人であることが望ましい。

第三は、ＫＪ法人口ともいうべき人々で、自分の抱えている問題についてＫＪ法のカードをつくれる人、すなわち相手にわかりやすい簡潔な表現と短い文章で自分の考えを話せる人だ。また、ＫＪ法図解とその説明によって、その内容を理解し、共感する人々であり、さらにはトランプＫＪ法を自ら実践できる人々でもある。

私たちの今までの研修は、ほとんどがＫＪ法人口をつくり出すことしかしていない。プロモーターやリーダーを育てられた企業はごく少数にすぎない。

私は、ＫＪ法を広めることを目的にしているわけではない。私の理想とする、「すべての従業員が主役として仕事にうちこみ、そのことによって人間として磨きあげられ、文化的に豊かな人生が送れる」企業をつくり出すための方法としてＫＪ法を根づかせたいのだ。これが、企業の彼岸を目指す、私の悲願である。

二

般若心経の心を経営に

1 彼岸を目指す「行」で得られる真の知恵

般若心経に関心を持ち、松原泰道『般若心経入門』、高神覚昇『般若心経講義』、高田好胤『情《なさけ》』『心』の四冊の本を読み、カードをつくってKJ法図解にした。そこから得られる教えは、KJ法の思想と相通じており、また経営コンサルタントの哲学ともいうべきものを含んでいると思う。そこで、般若心経をKJ法と経営とに関連させながら、私なりの考えを述べてみたい。

まず「摩訶般若波羅蜜多心経」という表題は、「彼岸を目指す行によって得られる、大乗仏教聖典の核心をなす真の知恵」を意味する。この中でもっとも大事なのは、「波羅蜜多」すなわち「彼岸を目指して行ずる」ことだ。人間が到達できない所であることはわかっていても、なおそこへ向かって行く努力によって真の知恵を悟ることができるのだ、という教えである。

我々の先祖が新しい知識を獲得したのは、すべて「行」からだったはずだ。比重という概念は、アルキメデスが王冠を壊さずにそれが純金であるかどうかをわかる方法を必死に考えながら入浴中に閃いたことがきっかけだ。また万有引力は、ニュートンが物体が落ちるということはどういうことかを突き詰めて考えているとき、リンゴが落ちるのを見てハッと閃いたという話も有名である。人は何かをなすことで、真理や法則をつかんできたのである。

2 KJ法に取り組むことが行ずること

KJ法は、「カードづくり」「カード集め」「表札づくり」などのステップごとに、「先のことを考えず今の課題に必死に取り組め」と教える。

一つのステップに、言われたとおり無心で取り組むと、次のステップへの道が自然に開けてくる。この体験が「行」になって、その人のモノの見方、考え方を変革する。ところが、頭の良すぎる人は、図解をつくるという最終結果だけを考え、要領よく図解づくりはするが、途中のステップをいい加減にやるので「行」にはならない。結局KJ法の本当の良さがわからず、「整理法としては良いですね」などというレベルにとどまる。

KJ法をやる姿が「行ずる姿」だと強く感じたのは、ある会社でのビジョンづくりのときのことだ。役員を七人ずつ五つのチームに分け、それぞれ別の部屋に入ってトランプKJ法を行った。このとき、「社長さんだけはチームに入らずに、私について来てください」と言って、二人で各部屋を巡回した。各チームがカードづくり、カード集め、表札づくり、図解作成と、トランプＫＪ法の作業を進めていった。これを見てまわるために、部屋から部屋への廊下を歩きながら社長は涙ぐんでいた。全役員が、それぞれのチームで一生懸命にトランプＫＪ法に取り組むという、「行じている姿」に打たれたのであろう。

発表会で各チームの発表後、社長は「ここに本物の人間が集まり、本物の方法でビジョンづくりに取り組むことができました。私たちはお客様の幸福を守るという共通の使命感に結ばれた同志として、理をつくし、情をつくして我が社のビジョンを生み出すことができました」と挨拶された。この言葉は「行ずる姿」を見て初めて言えることだ。ＫＪ法研修では、発表会だけに顔を出すトップが多いが、「行ずる姿」をぜひとも見てほしいものだ。

3　経営も行ずることを忘れてはいけない

経営についての新しい知識や真理というものは、本を読んで身につくものではない。仕事に必死になることが経営における「行」であり、それを通して経営していく知恵が生まれてくる。経営コンサルタントとして経営調査を通じて、「どうなっているのか」「なぜそうなっているのか」「どうしたらよいのか」を考え抜いたとき、不思議と知恵が湧いてくる、ということを何回も体験してきた。経営コンサルタントは、管理技術の説明屋や、導入屋になってしまっては失格だ。いつも「一歩先の経営の在り方」をクライアントとともに考えていかねばならない。

たとえば一流とはいえない会社にコンサルティングに行った場合、製造、販売、管理などの現実だけを見て「問題点」を抽出し、その対応策を提案し、実施の支援をすることがコンサルティングだと思っている人が多い。しかし、私はそれをコンサルティングの姿勢だと認めることは許せない。一流とはいえない会社をどうしたら一流にできるか。到達できないかもしれないビジョンを掲げ、それに照らして問題点を明らかにし、それを克服していく道を探すのが、私のやり方だ。コンサルタントがクライアントの会社の彼岸を描き、それに向かって行じてこそ、その会社のトップと一体となることができる。「行ずる」ということは「経験する」ことではない。到達できないかも知れない理想に向かって努力し、苦闘することなのだ。

「彼岸を目指して行ずる」ということは凡人にはできない、という人もいるが私はそうは思わない。人は誰でもそうしたいという気持ちを持っているし、そうすることができれば充実感、生き甲斐を得られる。しかし、現実には「メシを食うのが先」と、理想を捨ててしまっているのが実情だ。彼岸というものは、果てがない。山に登れば、次の山が見えてくるように、一つの目標を達成すれば、さらに高い目標が見えてくる。今の山に安住し、次の山を見ようとしない、かすかに見えていても登ろうとしないという心は誰にでもあるが、この心に敗れれば発展はない。企業経営も、先へ先へと進む気迫がなければならない。若者は自分が未完成であることを知っているから、完成を求めてチャレンジしようとする。企業もいつまでも若くあるべきだし、経営コンサルタントが若者の心を失ったらおしまいである。

4　般若心経の教えは「空」の一文字

般若心経の内容は、ひと言でいえば「空」の教えだ。この「空」の意味するものは、般若心経の解説書にいろいろと述べられているが、私はこのように意味を解している。「空」とは「万物流転、諸行無常」という世界を表している。世の中に、変化しないものはない。我々が認識しているものは、変化の過程として現れる仮の姿でしかない。「空」

とは何もない、ということではない。我々が認識しているものは、たとえ仮の姿であろうとも、それは実在なのだ。「空」は「虚」や「無」という意識を超えたものだ。この世界を「空」と悟ったとき、我々の世界観や、自我に対する意識は大きく変化する。世界を見るとき、我々の感覚で捉える相手は、その外見や発する音声によっては仮の姿でしか捉えられない。真の実在は、仮の姿を通して、その奥にあるものを捉えない限り認識できないものである。

また、「空」を悟ることは、自我の殻を脱ぎ捨てることでもある。自らの身体つき、性格、地位、身分……といった属性はすべて仮の姿であり、本当の自分の実在はそれらにとらわれない存在であることに気づいたとき、人は「かたよらない」「とらわれない」「こだわらない」心になることができる。世界に対しても、自我に対しても、感覚や経験、あるいは既存概念にとらわれずに見る目を持つ（このことが「空ずる」ということ）ことができれば、新しい世界が開けてくる。その一つは、どんな些細なもののなかにも貴重な糧を見つけることができるようになることだ。

「医王の目には途《みち》に触れて皆薬なり」という言葉がある。これは医王とよばれるような優れた医者にとっては、どんなにつまらなく見える草にも薬効の価値を見いだすことができる、という意味である。どんな道でも、優れた人の目には凡人が見つけられない価値が認められる。それは「つまらないもの」という概念のない「空」の目で見るからに他ならない。

「空ずる」ことは、創造することに繋がる。「空ずる」ことにより、世界のなかに価値あるものが見えることも創造に繋がるが、自己のなかにある創造性を発揮していくことが可能になってくる。仏教学者の鈴木大拙の『禅』という本に「禅とは、心の奥底にある無限の創造性に徹し、それに自然に従って生きること」という意味のことが書いてある。これは般若心経のなかにある「観自在菩薩」という言葉と同じ意味と解釈できる。人は皆、創造する力を持っており、「空ずる」ことでそれを顕在化していくことができるのである。

「空ずる」ということの結果、人は世界のすべてのものとの壁がとり払われ、世界と一体となる。人と人との関係も、お互いに自我を捨てれば、心が通い合い、ともに彼岸を目指す仲間になる。この教えこそが、「人はすべて救われる」という大乗仏教なのだ。

5　ＫＪ法は「空」の行

ＫＪ法では、そのステップのなかに「空ずる」ということが随所に出てくる。仏教や般若心経を知らなくても、KJ法をやることによって「空」を行ずることになる、と私は思う。

まず「カードづくり」のステップにおいて、皆の問題意識を語り合う。会社の人を集めて行うと、最初は経営管理用語が出てくる。「我が社の人事管理は旧態依然だ」「品質管理が不徹底なためクレームが後を絶たない」といった調子だ。メンバーの語る内容には、いわば会社人間としての「殻」の部分にある言葉が出てくる。語り合いをさらに進めていくと、しだいに経営管理用語が少なくなり、「うちの上司は頭が固くて困る」とか「このごろの新入社員は挨拶の仕方も知らない」という調子に変わってくる。これはそろそろ「身」の部分の言葉になったといえる。夜もふけ、アルコールが入ったりすると語り合いの話は「うちは転勤が多くて女房、子どもと別れて暮らしているんだが、つらいねえ」「あと三年で定年だと思うと淋しくなるよ」というように変わってくる。これは「心」の部分の言葉が出てきたといえよう。

KJ法の「カードづくり」では、「本音を出せ」「素直に事実を語れ」「殻を脱げ」ということを講師が説き、それに従っているうちに、自分の心を素直に、相手にわかりやすい言葉で表現することができるようになる。これは「空ずる」ことの第一歩といえるだろう。

KJ法の「カード集め」のステップでは「既成概念で分類するな」「相手の身になれ」「データをして語らしめよ」「相呼ぶ心に耳をかたむけよ」「一つも捨ててはならぬ」ということ

を、講師が口を酸っぱくして言う。

一九六八（昭和四十三）年の夏に愛知県の蒲郡市で開かれた最初の「経営者のためのＫＪ法コース」のときも、川喜田二郎氏からこの話があった。参加者の一人に工学博士の研究所長がおり、彼は額に汗をかきながら「カード集め」をやっていたが、やがて、「どうしてもわからん」「カードが相呼ぶとは何事だ」「こんな非科学的な方法はない」と怒り出した。その時、私はこう話した。「まあ、そう怒らずに。カードと思わず、そこに書いてある言葉は、誰かが言っている。その誰か、ということを思い浮かべてごらんなさい。その顔と顔が呼び合っているような気がしませんか。同じようなことを言おうとしている顔が見えたカードがあれば、それが呼び合っていると思ってください」

この研究所長が、その時から数ヵ月後、私に手紙をくれた。そこには「ＫＪ法コースでは本当のところ何が何だかわからなかったが、研究所に帰ってからしばらくして、皆から『近ごろ所長は変わりましたね。私たちの話をよく聞いてくれるようになりましたね』と言われた。先生に教えられた『カードを読むとき、その奥に顔を思い浮かべよ』ということを、研究所の人の話を聞くときに思い出し、この人は、どんな顔、どんな思いでこのことを話しているのだろう、と気をつけるようになったようです」という意味のことが書かれていた。この手紙を読んで、私は「ああ、この所長も、自我を捨てて相手の身になる『空ずる』ことを体得してくれたな」とうれしくなった。KJ法は、この「カード集め」のステップを中心に、全ステップにわたって「空ずる」ことを体験させてくれる方法だ。

そのことに関連する内容を、再度、インタビュー記事から見てみよう。

川喜田 そうだ。それなのに相も変わらず大人が知識の詰め込みばっかりやっとる。あれは嫌いになれといっているのと同じ。KJ法を素直にやったらね、仲の悪かった連中でも仲良くなる。つまりね、意見を合わす、合意形成ができるんですな。

やまだ KJ法は違った意見でも全部生かしますよね。批判しないで。一つの図解の中に異なる意見が殺されない形でうまくまとまる。だから自分が否定されない形で、しかし他のこういう意見もありますという形で認められる。

川喜田 そうなんです。できるだけみんな生かす。たとえ反対意見でも、本当の反対ならね、ちゃんと図解のときには反対の形になってでてきます。

やまだ 反対のものをはっきりさせるということも大事。

川喜田 反対でも、いいんですよ。反対であることがわかったら、共通の理解ができる。

引用文献
やまだようこ「川喜田二郎さんインタビュー：ＫＪ法の原点と核心を語る」『ナラティヴ研究：語りの共同生成（やまだようこ著作集第五巻）』（三一 - 五三頁）、新曜社、二〇二一年

6 布教とは相手の身になること

私は一九六九（昭和四十四）年には浄土真宗西本願寺の宗門経営調査をしたが、その調

査報告のなかで、布教のことについて次のように話した。

「私たちコンサルタントの仕事は貴方がたと同じような仕事だ。コンサルタントにも教義があり、これを科学的管理法という。経営の管理は科学的にやるのだという根本があり、それから派生するいろいろのマネジメントについてのいわゆる教義に相当するものがある。会社で調査をするのは布教するのと同じことだが、会社へ行ってこの教義をもち出したことは一度だってない。それを出さないで、仲立ちをするのが私たちコンサルタントだ。その会社のかかえている問題は何か、どんなことで苦しみ悩んでおられるのか、を検討するのだ。そうして、それを救う道は、自分たちの持っている教義のどれを、どのように組んだらいいかを考え、説明するのであって教義そのものを話すわけではない。最初から教義というものはこういうものだと話したらそれで終りになってしまう。科学的管理法について理解していない会社ほど、『科学的管理法とは…』という話を始めたら門前払いを食う。すなわち、真宗について知らない人達に対する布教の仕方は、親鸞がどうかとか、仏教とはこうだとか言わぬ方がよい。それより、相手の悩みなり苦しみなりを、自分が身を投げ出して、手を握り、その人の悩みを聞き、相手がその悩みを解決するために『教え』を乞いたい、となってから教義を持ち出すべきだ。布教使の方々は、教義についての説明なり、話し方は上手だが、それだけでは誰もついてこない。そのためには、非常に難しいことではあるが、『本当にこの人達を救うのだ。浄土真宗の教えで救えるのだ』という熱い信念と、相手に対する本当の愛情が基本にならなければならない。

僧侶の方々に説教したコンサルタントは、私が初めてかもしれない。そのことについては恐縮しているが、コンサルタントが、会社に対したとき、いわば『空』になって相手の身にならねば相手と一緒にその会社を良くしていくことはできない、というのが私の信念だ。先人の智恵を伝えるのも、相手の身になることが大切であり、『空ずる』ことなくして出来ることではない」

7

「空」の世界を動かす因縁果

万物流転、諸行無常の「空」の世界を動かしているのは因縁果の関係だ。「因」とは原因、すなわち結果に対して直接に作用する力であり、「縁」とは「因」を扶けて結果を生じさせる間接の力だ。あるいは、「因」とは結果を生じさせる内的な原因、「縁」とは外側からこれを助成する原因、とも説明されている。

この世のことは、すべて「因」と「縁」で繋がり、限りなくもちつもたれつの間柄にある。すべては単一に存在するものではなく、相互に関連し合って生じるものだ。全体の「因」「縁」「果」の関係を捉えなければ、そのものの実在としてのあり様は捉えることはできない。

これは、お釈迦様が、生きるべきか死ぬべきかを考えた末に、この世の意味、「空」の世界の意味を悟られ、忽然と生きる知恵が湧いてきたのと同じではないだろうか。企業経営も成熟期に入り、先の読み難い時代になったといわれているが、企業環境も「空」の世界と悟り、因縁果の関係を捉える努力を怠らなければ、進むべき道はおのずから明らかになってくる。

8　「空」の世界のリズムに合わせる

「空」の世界では、リズムに合わせることが大切だ。「万法空寂の波こそ、リズムのある心の波です」という説明があるが、リズムとは「間をとる」ということで、いたずらに事を急げば失敗することをいましめている。「忙とは心を亡くす、すなわち自分を失うことだ」といわれるように「忙しい」ということはトラブルの因となり、道を誤ることになりやすい。リズムというのは「間をとる」と同時に、「相手に合わせる」ことが大切である。身近な例で、ブランコを漕ぐこともブランコの固有振動に合わせなければうまく漕げない。

人間には、もともと脈拍や呼吸といったリズムがあり、精神的にも高揚と低迷といった、いわゆるバイオリズムがある。自分の行動も自身もリズムに合わせることが大切だが、相手やチームとともに行動する際には、相手やメンバーのリズムに合わせ、共鳴を起こすことが大切なのだ。

トランプKJ法を成功させる鍵の一つは、メンバーの気持ちをリズムに合わせていくことである。たとえば「カード集め」は、トランプ遊びのように楽しくやることが大切で、このステップをやりながら次のステップである「表札づくり」の討議をすると、リズムが狂ってしまう。「カード集め」で楽しい雰囲気がチームに満ちて、その勢いで「表札づくり」という山場を登らせていくのがリードしていくときのコツだ。緊張させたり、ホッとさせたり、急がせたり、休ませたり、というリズムをとることがトランプKJ法のコツであり、このことはチームで仕事をするときのコツでもある。経営においても、急ぐばかりが能ではない。じっくり力を蓄えておき、市場の動向に合わせて一挙に飛躍する、ということが大切だ。「天の秋（とき）を待つ」とか「潮時」という言葉は、「空」の世界のリズムに合わせる知恵だといえよう。

私はいつも経営問題の解決には、「正しい手順を踏む勇気を持て」と言っている。「正しい手順」というのは律であり、リズムということを含んでいる。旅人が「ゆっくり行けば一時間、急いでいけば一日かかる」と言われ、怒って行ったら車をぶつけて修理するのに一日かかったという寓話があるが、経営でもそれに似た問題がよく起こる。クレーム処理など、早く片付けようとすればするほど、お客様の感情をこじらせ、解決が長引くことがある。自身、相手、世界のリズムに合わせてこそ、事はうまく運ぶのだ。

9　全力尽くし、大きな力に任せる

私は、ＫＪ法に触れたとき、これは東洋思想を持った方法ではないか、と感じた。川喜田二郎氏は、ＫＪ法の根本思想は「自由」「平等」「愛」だと説かれている。確かに、人と人を結びつける原理ともいうべき「自由」「平等」「愛」の思想がＫＪ法のやり方に浸透していることは私も実感している。しかし、川喜田氏が好んで使われる言葉に「流れる雲に聞いてくれ」というのがあり、これは、下手をすると投げやりともとられかねない言葉ではあるが、私は浄土真宗の教えの一つである「他力本願」に通じる言葉だと解している。「他力本願」というのは、「何もしないで他人任せにする」ことだと誤解している人もあるが、もともとの意味は「人間が全力を尽くしたあとは、仏様に任せて救っていただくしかない」という意味である。ＫＪ法では、ステップごとに全力を尽くし、あとの出来映えは、自分の力を超えた大きな力に任せることしかない。自分の力だけでつくろうとすると、その人なりの小さな世界しか描けないが、データに身を投げかけ、テーマに向かって全力を尽くして行ずれば、「空」の世界が描かれていく。私にとっては、般若心経もＫＪ法も混然一体となった、経営の本質に迫る「教え」なのだ。

略歴

岡田 潔氏

1915（大正4）年 ～ 1985（昭和60）年

1915（大正 4）年	東京に生まれる
1940（昭和 15）年	早稲田大学理工学部卒業
同年	海軍航空技術廠に入る
1945（昭和 20）年	海軍技術少佐で復員
1946（昭和 21）年	大東紡績株式会社、大日本造機株式会社を経て
1949（昭和 24）年	社団法人日本能率協会に入る
1957（昭和 32）年	社団法人日本能率協会・理事
1958（昭和 33）年	同常務理事に就任
1963（昭和 38）年	参与として経営コンサルタントに専心。特に「経営調査」分野では、現役時代より異彩を放ち、内外より高い評価を得ていた。
1985（昭和 60）年	病没（4 月 17 日）

主なコンサルテーションおよび教育指導先

旭電化工業、旭松食品、エーザイ、川崎航空機工業、川崎車輛、川崎電機工業、カンロ、警察大学校、神戸製鋼所、三洋電機、十條製紙、西武ゴム化学、ダイハツ工業、帝人、帝人製機、帝国ピストンリング、東海パルプ、東京電力、東洋現像所、南海電気鉄道、ニチイ、新潟鐵工所、西本願寺、日本 IBM、日本鋼管、日本専売公社、日本発条、フジテレビジョン、藤倉電線、保谷硝子、三井造船、三菱鉱業、三菱重工業、三菱油化、明治生命保険、ヤマハ発動機、雪印乳業、臨海土木、ほか 200 社にも及ぶ。（旧社名・順不同）

編集後記

私自身岡田氏とは、歳が離れていて仕事の分野も異なるので、直接仕事で接することはほとんどなかった。

ただし、今でも一番最初にお会いしたときの強烈な記憶は忘れられない。ある日突然事務所を訪れてこられた岡田氏は、私を捕まえて開口一番、「おまえが『マーケティングリサーチ』を担当しているのか」と尋ね、同時に「マーケティングとは何か」と問い詰められたのである。そして私がしどろもどろに答えると、胸倉をつかみ私を睨みつけ大声で「今日からマーケティングの勉強をやり直せ」と壁に突き飛ばされた。そのとき私は大きなショックを受けたが、数日後の夕方、再び事務所を訪れ、右手に「たこ焼き」、左手に「一升瓶」をぶら下げ、私を含め若手職員を会議室に集め笑顔で酒を振る舞い、各人これからの夢を語れと諭した。最後には岡田氏自身涙を流しながら「私は日本能率協会の若手人材を育成するのが好きだ、若手人材が成長し、自分に近づいたと感じたら、さらに自分自身を磨くことが楽しみでもある」と話し、夜の十時頃ふらつきながら、お帰りになった。以前のことがあるのでとても恐れていたが、私はこのとき、とても人情味のある先輩だなと印象がガラっと変わった。

また、若手職員に対する社内講話会にお招きし一時間程度お話をお聞きする機会があった。テーマは確か「若手の仕事に対する作法」と記憶している。講話内容の中心は、「知識と行動は一体であり、知識は行動を伴い、頭のなかの知識だけでは、本当の意味を知っているとは言えず、行動を伴うことが真の知である。知っていても実践しないのであれば真の知とは言えない」。最後に黒板に「知行合一《ちこうごういつ》」の文字を大きく書いた。まさに知識と行動が切り離せないものであることを表現した四字熟語で、吉田松陰の私塾である松下村塾にこの掛け軸が掲げられている。「君たちの執務室にも明日から掲示しろ」と促し、最後に涙を流しながら「熱き心により自ら行動しなさい」と強く語って終了した。

岡田氏は若手職員に対して日ごろから「プロ意識」を持てと強い言葉で叱咤したり、苦言を呈したりしていた。「プロ意識」とは、仕事に対する報酬を糧としようという意識ではなく、どのような仕事においても愛着を持って、その目的や結果に自分自身の人間としての使命感と生きがいを感じ、自分のすべてをその仕事に賭けようとする「意識」であると強調し、さらに、「自分の職業に自身の使命感を賭けて、その職業の遂行に必要な能力の習得に執心し、『いざ仕事にかかるときには必死の覚悟で立ち向かう』ことがプロになる近道である」と諭した。岡田氏の仕事ぶりを見ていると、まさにプロが常に「プロ意識」

を大切にしていることが実感できた。

あるときは鉄拳まで振るったり、時には涙を流しながら指導したりと情熱溢れる指導の一方で、非常に人情味のある人間性が、多くの岡田門下生を育て、当時の日本能率協会においてはカリスマ的なコンサルタントといった存在であった。

本書は、岡田門下生の多くが他界しているなか、当時の寄稿文や講演録、さらに追悼文集などをＯＢの方々の協力で収集し、断片的な情報を含め編集・製作したものである。書籍として刊行できたことを大変誇りに感じる。

最後に本書第二部「経営生きもの論」において多くを引用させていただきました『独創的経営づくり』の実際の執筆者である日本能率協会ＯＢの中嶋誉富氏、滝沢敬司氏、今井敬二氏、井上省吾氏、石井明夫氏に感謝申しあげます。

株式会社ＪＭＡホールディングス

代表取締役社長　加藤　文昭

【参考（引用）書籍・文献等一覧表】

『独創的経営づくり』岡田潔著　日本能率協会　一九八六年
『ＪＭＡグループの原点』ＪＭＡグループ連携促進委員会編　二〇一〇年
『日本能率協会一〇年間の足跡』日本能率協会　一九五二年
『経営と共に―日本能率協会コンサルティング技術四〇年』日本能率協会　一九八二年
『まねじめんと六〇年―エフィシェンシーからマネジメントへ』日本能率協会　一九七二年
『日本的能率への道』森川覺三著　日本能率協会　一九六九年
『経営への直言』森川覺三著　日刊工業新聞社　一九五九年
『日本の経営ジャーナリズム』猪狩誠也著　日本広報学会誌
『経営は『生きもの』―岡田潔 追悼録―』日本能率協会　一九九一年四月
『ＫＪ法の原点と核心を語る』川喜田二郎さんインタビュー　質的心理学研究誌　新曜社　二〇〇三年四月
『日本能率協会コンサルティングのルーツをさぐる』日本能率協会コンサルティング　一九九〇年
『日本能率協会と森川覺三』裴富吉著 大阪産業大学経営論集　二〇〇三年
『伍堂卓雄海軍造兵中将―日本産業能率史における軍人能率指導者の経営思想』裴富吉著　三恵社　二〇〇七年
『生産能率の常識』森川覺三著　ダイヤモンド社　一九四七年
『森川覺三の世界―経営能率に賭けたその生涯―』日本能率協会 企画編集委員会編　一九八六年
『ナチス独逸の解剖』森川覺三著　コロナ社　一九四〇年
『阿部松一追悼録』日本能率協会　一九九二年
『トヨタ自動車七十五年史』トヨタ自動車七十五年史 編纂委員会　二〇一三年
『戦略経営の時代』日本能率協会創立四〇周年記念講演録　日本能率協会九州事務所　一九八二年

『新連載　経営調査二〇年』月刊「マネジメント」一九六九年三月号から七月号　日本能率協会
『岡田潔講演録』日本能率協会　一九八五年
『新居崎邦宜追悼録』日本能率協会　一九八五年
『日本におけるコンサルティング業の生成と展開』佐々木聡著　経営論集　一九八九年
『日本能率協会の発足について』雑誌「日本能率」第一巻第一号　一九四二年
『上野陽一伝』産業能率短期大学編　産業能率短期大学出版部　一九六七年
『生産拡充と生産技術』雑誌「日本能率」第一巻第一号　一九四二年

『コンサル一〇〇年史』並木裕太著　ディスカバー・トゥエンティワン　二〇一五年
『十時昌追悼録』十時昌追悼録 企画編集委員会編　日本能率協会　一九九四年
『経営合理化の常識』森川覺三　ダイヤモンド社　一九五〇年
『日本の企業・経営者発達史』高橋亀吉著　東洋経済新聞社　一九七七年
『わが異端の昭和史』石堂清倫著　勁草書房　一九八六年
『地理学史―人物と論争―』岡田俊裕著　古今書院　二〇〇二年
『日本経営史の基礎知識』経営史学会編　山崎広明編集代表　有斐閣　二〇〇四年
『近代日本の軍産学複合体―海軍・重工業会・大学―』畑野勇著　創文社　二〇〇五年
『経営工学とは何か』日本経営工学会編　開発社　一九七七年
『経営ハンドブック』古川栄一・山城 章・藻利重隆 責任編集　同文館　一九五〇年
『忘れ去られた経営の原点―GHQが教えた「経営の質」―』［CCS経営者講座］後藤俊夫著　生産性出版　一九九九年
『科学的管理法ノ実際』呉海軍工廠砲熕部長海軍造兵少将　伍堂卓雄氏 講演　能率研究付録№三　一九二四年六月
『追悼 小野常雄―経営革新一筋に挑んだ信念の人』日本能率協会　一九九七年
『続・日本能率への道①〜⑩』月刊誌ＩＥ　日本能率協会　一九六九年〜一九七〇年

『日本における管理運動推進者達の活動と系譜』原田治人著　名城論叢　二〇一〇年六月
『ＪＭＡルーツ・メンバーの航跡』四四の会五〇年記念・芝公園ＯＢ倶楽部　二〇二一年三月
『ナラティヴ研究：語りの共同生成（やまだようこ著作集第五巻）』新曜社　二〇二一年

経営生きもの論
稀代のコンサルタント岡田潔の経営哲学

2023年1月30日　　初版第1刷発行

監修者――一般社団法人日本能率協会　会長　中村正己

発行者――張 士洛
発行所――日本能率協会マネジメントセンター
〒103-6009　東京都中央区日本橋2-7-1　東京日本橋タワー
TEL　03(6362)4339（編集）／03(6362)4558（販売）
FAX　03(3272)8128（編集）／03(3272)8127（販売）
https://www.jmam.co.jp/

装　丁――――――――――岩泉卓屋（Izumiya）
編集協力・本文DTP―――株式会社アプレ コミュニケーションズ
印刷所――――――――――広研印刷株式会社
製本所――――――――――株式会社新寿堂

ISBN978-4-8005-9068-8　C2034
落丁・乱丁はおとりかえします。
PRINTED IN JAPAN